白鹤梁题刻

——从保护工程到水下博物馆

柳春鸣　杨邦德
刘兴亮　蒋锐　主编

西南大学出版社
国家一级出版社　全国百佳图书出版单位

图书在版编目（CIP）数据

白鹤梁题刻：从保护工程到水下博物馆/柳春鸣等主编．－－重庆：西南大学出版社，2021.10
ISBN 978-7-5697-1122-6

Ⅰ．①白… Ⅱ．①柳… Ⅲ．①水文石刻（考古）—文物保护—研究—涪陵区 Ⅳ．① K877.494

中国版本图书馆 CIP 数据核字 (2021) 第 208907 号

白鹤梁题刻——从保护工程到水下博物馆
BAIHELIANG TIKE——CONG BAOHU GONGCHENG DAO SHUIXIA BOWUGUAN

柳春鸣　杨邦德　刘兴亮　蒋锐　主编

责任编辑：	鲁　艺　雷希露
责任校对：	钟小族
装帧设计：	观止堂_未　氓
出版发行：	西南大学出版社（原西南师范大学出版社）
	地址：重庆市北碚区天生路2号
	邮编：400715
印　　刷：	重庆友源印务有限公司
幅面尺寸：	185mm×260mm
印　　张：	9.25
字　　数：	180千字
版　　次：	2021年10月第1版
印　　次：	2021年10月第1次
书　　号：	ISBN 978-7-5697-1122-6
定　　价：	218.00元

《白鹤梁题刻——从保护工程到水下博物馆》编写组成员

主　编

柳春鸣　杨邦德　刘兴亮　蒋　锐

副主编

杨　娟　李　艳　杨　松　陈福云

编　辑

章荣发　周　圣　赵晋刚　胡雪琴　邬　军
张宗山　方　文　聂艳雪　李佳欣　秦小莉

前　言

长江三峡，人杰地灵，历史悠久。清代诗人王士祯诗云："涪陵水落见双鱼，北望乡园万里余。三十六鳞空自好，乘潮不寄一封书。"这首诗道出了三峡地区一处极为重要的文化遗产——涪陵白鹤梁题刻。

受长江水位丰枯变化的影响，白鹤梁时隐时现。丰水时节完全淹没于水下，不露真容；枯水时则露出水面。每年的水位高低没有定数，水越枯，石梁露出的部分就越多。自古以来，这里就是涪陵胜景。诗中的"双鱼""三十六鳞"指的是白鹤梁上的唐代石鱼题刻，这是古人发明的标注水位的方法。自唐代以来，历经宋元明清和民国，直到公元1963年，历代都在白鹤梁上留下了题刻。

一、白鹤梁与白鹤梁题刻

白鹤梁是一道天然石梁，位于中国重庆涪陵城边的长江里。长江自西北方向流入涪陵后，呈西北—东南流向，涪陵在长江的南岸。长江与北向的乌江汇合后，折向东北流去。白鹤梁就位于西北—东南向的长江靠涪陵城一侧。石梁下游约1000米，乌江北向注入长江。石梁与长江的流向平行，具体方位为：北纬29度43分，东经107度24分。受水流冲刷等自然原因影响，石梁分为三段，长度1600余米，宽度10~15米不等，距离江岸约100米。白鹤梁的标高为137.81米（吴淞高程，中心点即唐始载石鱼水标的鱼眼）。

涪陵地理位置重要，历史悠久。1993年至1996年，在配合三峡工程的文物调查工作中，于涪陵北拱剪刀峡发现了古脊椎动物化石。新石器时代各个发展阶段的文化遗存，在涪陵地区都有发现，蔺市遗址出土文物证明这里是三峡新石器文化分布的重要地区。青铜时代，涪陵镇安遗址等地的考古发现极为丰富，体现出三星堆文化、十二桥文化及楚文化的诸多因素。史前时期的三峡地区明显表现出受到成都平原、江汉平原青铜文化的影响，镇安遗址的材料表明这里可能是文化交流的枢纽。

涪陵是巴文化发展的重要地区。据《华阳国志》记载，巴人"先王陵墓多在枳"。

秦昭王三十年（前227）置枳县，为涪陵置县之始。涪陵小田溪出土的巴王墓地以及众多重要文物，证实了文献的记载。战国中后期，涪陵先后属巴国、楚国、秦国。东汉，在枳县基础上增置平都县。三国蜀汉时，增置汉平县，隶涪陵郡（郡治彭水郁山镇）。东晋穆帝永和三年（347），在今涪陵区境内置涪郡（又名枳城郡）。南北朝时，郡县建置变化较大。隋置涪陵县、丰都县、垫江县，分隶巴郡、巴东郡和宕渠郡。唐始置涪州，下辖武隆县、涪陵县、隆化县。宋代至明代，叠置涪州，辖县略有不同。清代涪州不领县。民国初（1913年），改涪州为涪陵县，先后隶属川东道（东川道）四川省和四川省第八区。

  白鹤梁得名，据考是清代的事，此前的史书上多称为"石鱼""双鱼"等。石梁距离岸边有100米左右，枯水时节，石梁与江岸之间形成内湖，水面似镜，名为"鉴湖"。清代涪州八景中就有"石鱼出水""白鹤时鸣"和"鉴湖渔笛"等。每当枯水时节，人们驾小舟，渡鉴湖，登石梁，赏石鱼，吟诗作赋，为一时盛事。

  白鹤梁上的题刻，有文字和图像两大类。《太平寰宇记》卷一二〇记载："黔南上言江心有石鱼见，上有古记，云广德元年二月，大江水退，石鱼见，部民相传丰稔之兆。"这可能是古籍中有关"石鱼"最早的记载。从这段记载中可知：一是当时人称为"石鱼"；二是除了石鱼还有题刻文字，其中最早的为唐代广德二年（孙华考证所谓"广德元年"实为广德二年）二月；三是民间传说石鱼出水可预兆丰年。

  此后，文献中关于涪陵江心石梁上"石鱼"的记载就越来越多了。如《舆地纪胜》卷一七四《夔州路·涪州景物上》记云："在涪陵县下江心，有双鱼刻石上，每一鱼三十六鳞，一衔蓂草，一衔莲花。有石秤石斗在旁，三五年或十年方一出，出必丰年。唐大顺元年镌。古今诗甚多，刘忠顺有诗见在石上。"现存题刻中，唐代石鱼仅留下痕迹，即清代萧星拱《重镌双鱼记》提示的重镌石鱼下方的线刻石鱼和隶书"石鱼"题刻，当为唐代旧刻。《舆地纪胜》中提到的大顺元年镌刻的秤、斗都已不见踪影。

  有学者统计了著录的和实物可见的白鹤梁题刻，"有石鱼14组18尾，其他图像雕刻3幅（其中白鹤雕刻1幅、观音及人物线刻2幅），文字题刻187则，文字约12000字"（孙华，2014）。

  1994年12月，三峡水利枢纽工程正式开工建设。白鹤梁题刻在三峡工程受影响的文物中，无论是重要性、规模，还是保护难度，都堪称首屈一指。为了达到最合理的保护效果，实现文化遗产保护利用的可持续发展，彰显中国政府保护文物的决心，体现中国人民的创造力和智慧，自1993年以来，文物保护和科技、工程技术专家精诚团结、砥砺奋进，先后提出过7个保护方案，即"水晶宫"方案、高围堰方案、自然掩埋方案、隔流隧道方案、异地仿制陈展方案、"白鹤楼"方案以及最终采用的"无压容器"方案。

国际古迹遗址理事会提出的文物古迹保护准则，得到世界各国普遍赞成，成为各国普遍遵循的原则，比如：保护文物以及环境的完整性，保护文物的原真性，等等。在上述 7 个方案中，符合文物保护原真性、完整性原则，达到原址原样、原环境的，便是"水晶宫"方案和"无压容器"方案。综合考虑工程技术和建设成本等因素后，"无压容器"方案得到了评审专家和其他方面的认可。这个方案是在各种设想不断论证、否决，原址保护与工程技术矛盾纠结，似乎"山重水复疑无路"之时提出的，既实现了题刻文物原址保护，又解决了压力、水流和施工、参观等一系列难题，采用了众多新技术、新工艺，具有独特的创新价值。著名文化学者、时任重庆市文化局（文物局）副局长兼三峡文物保护工作领导小组组长王川平称之为"伟大的设想"，道出了众多专家和领导的心声。2012 年，联合国教科文组织专家现场考察后，称为"世界首座非潜水可到达的水下遗址博物馆"。

二、白鹤梁题刻的重要价值

白鹤梁题刻因为具有重要的历史、艺术与科学价值，于 1988 年被列全国重点文物保护单位。

历史价值

目前已知白鹤梁题刻始于唐代，现存题刻的年代分布为：唐代 1 则、宋代 103 则、元代 5 则（其中有八思巴文 1 则）、明代 20 则、清代 21 则、民国 12 则、现代 3 则，另有 22 则年代不可考。自唐代以后的各朝代，都在白鹤梁留下了记载，有人物有事件有时间，这是极其珍贵的历史资料，是一本序列完整、真实可信的史书。题刻的留名者，多为当地或途经涪陵的官员（往往记有籍贯、官职名）、文人、名士，经学者考证，其中姓名与史书记载互证的有 300 余人。

艺术价值

白鹤梁题刻书法价值突出，12000 余字，呈现出真、草、隶、篆各种书体。各种书法流派、不同年代不同风格的书法家，在白鹤梁留下了难得的墨宝，是研究我国古代书法艺术、镌刻工艺发展、演变的珍贵素材。白鹤梁题刻的艺术价值还体现在历代人们吟咏的诗词歌赋中。这是唐诗、宋词、元曲都不曾著录的文学作品，为中国文学艺术史研究提供了原生态的宝贵材料，被称为"水下碑林"。

科学价值

白鹤梁题刻的内容可分为三大类：一类是水位标记，方法是以石鱼为标准，"去鱼××尺"等；第二类是观看石鱼的感言，通常会提到石鱼出水与农业丰收的关系；第三类是观看石鱼的人的题名。

这些题刻反映出自唐代至今1200余年来的60个枯水年份具体指标，应用现代技术，可以明确具体的水位和时间。这是极为珍贵的水文资料，是长江上游建立现代水文观测站前最重要的枯水水文信息，科学价值弥足珍贵。因此，白鹤梁被称为"世界第一古代水文站"。

由于白鹤梁题刻具有突出的价值，2006年，国家文物局将其列入中国政府申请世界文化遗产预备清单，2008年联合国教科文组织予以确认。世界遗产是指由联合国教科文组织世界遗产委员会确认的全人类罕见的、不可替代的文化及自然遗产，按照联合国教科文组织有关文件中关于世界文化遗产突出普遍价值的阐述，众多学者认为白鹤梁题刻具备申报世界遗产的条件：第一，白鹤梁题刻具有罕见的、超越国家界限的、对全人类的现在与未来均具有普遍的重要意义的文化价值；第二，符合真实性、完整性要求；第三，拥有较好的保护管理状况。

刘曙光先生认为，白鹤梁申遗符合三条标准，即标准（Ⅲ）：能为已经消逝的文明或文化传统提供独特的或至少是特殊的见证；标准（Ⅰ）：是人类创造精神的天才杰作；标准（Ⅵ）：与某些事件或传统、观点、信仰、艺术或文学作品有直接或有形的联系。

刘曙光先生认为，白鹤梁题刻记载了自唐广德元年（763）至现代水文站修建前的长江水文资料，这种长期在江中石梁上镌刻枯水水位记录的做法，是一种独特的技术文明；而当地民众每年来观看水文记录，以判断来年农作物丰歉状况，也是一种独特的文化传统。这种传统的技术文明已经被现代水文站所取代，相应的文化传统也随生活方式的改变而仅存于传统节庆之中，白鹤梁题刻则是这种文明和传统的实物见证。白鹤梁保留下来的历史枯水水文题刻共计85则，使长江上游的枯水水位资料系列向上延长了1100多年。这些枯水资料系统地反映了长江上游古代水位演化的规律，成为长江上游地区历代枯水年代序列标尺，具有极高的科学价值和应用价值，为长江上修建的葛洲坝和三峡水利枢纽工程提供了重要的历史水文设计依据。通常的水位观测都是根据水尺观察水位，再将水位数值记录在其他载体上，白鹤梁则使用在江中不可移动石梁上雕刻石鱼作为零点标准水位，然后观测江水水位与水标间的上下距离，并将这个距离尺度用文字镌刻在水标附近。记录枯水水位也没有专门的管理人员，而是寓水位记录于观看"石鱼出水"的节庆性民俗活动中，将科学与艺术、数字与诗文结合在一起，极具中国传统文化特色。

刘曙光先生认为，配合三峡工程的兴建，中国政府开展了规模宏大的长江三峡文物保护工程，白鹤梁是其中最重要的保护项目。为保护永沉江底的白鹤梁题刻，科学家们先后提出了7个保护方案，最后通过实施"无压容器"方案，给白鹤梁在水下穿上"外套"，对题刻进行原址水下保护。从2003年开始，工程历时7年，耗资1.93亿元，最终建成了世界首座水下遗址博物馆，成为水下文化遗产原址保护最为成功的案例。

对白鹤梁题刻的文化价值的认识，将随着保护、研究工作的深入而不断深化。白鹤梁题刻及其保护工程的重大意义，也将随着时代的进步而不断彰显。

三、白鹤梁水下博物馆建设及发展

"无压容器"方式实现了文物原址保护的目的。为了进一步发挥文物的作用，在国家文物局、国务院三峡建委和重庆市委市政府的支持下，重庆市文物工作者通过不懈努力，克服了地面馆面积狭窄、附近无地可征、建设经费短缺、缺乏水下博物馆建设经验等困难，将水下保护体与地面管理用房善加利用，同步设计，同步施工，完善相关功能，使其具备了服务社会的基本功能。

一方面，面对水下保护体这一全新的工作内容，博物馆工作人员本着科学严谨的工作态度，实事求是的工作作风，一丝不苟的敬业精神，积极探索，解决了一个又一个运行管理的难题，保证水下保护体的正常运行，也积累了大量科学观测数据，形成了一套工作规范。

另一方面，按照博物馆的功能与职责要求，加强藏品建设、丰富展陈体系，做好白鹤梁题刻和历史文化遗产的保护、研究、传承工作，为白鹤梁题刻申遗做好基础工作。

白鹤梁题刻文化具有物质、精神两个层面的内容。作为物的白鹤梁题刻及其载体、环境，需要得到持续保护；作为文化现象的白鹤梁题刻文化，同样需要在经济社会发展的同时，得到保护与传承。列入全国重点文物保护单位、世界遗产预备清单，保护工作就有法可依、有章可循。通过申遗活动，不断加深文化内涵与价值的研究、挖掘，不断促进文物保护、促进文化遗产保护传承，推动文化遗产事业良性发展。白鹤梁题刻文化的保护与传承，应该得到持续加强。

（一）进一步加大文物保护工作力度

"无压容器"方案实现了水下原址保护白鹤梁题刻，为科学保护和传承文化遗产提供了有利条件。白鹤梁由历史上的时隐时现，变为常年处于保护体内水环境下保存，带来了新的研究课题，水压、水质、水温、灯光、微生物等对文物本体的影响，有待进一步研究，制定有针对性的保护措施。

（二）进一步加强白鹤梁题刻文化及保护管理的研究

白鹤梁题刻延续时代久远，内容丰富，内涵厚重。白鹤梁题刻文化研究涵盖历史学、考古学、遗产学、艺术学、水文学、民俗学等众多学科。水下原址保护、水下博物馆运行管理，涉及一系列新的学科与课题，加深跨学科融合、交流，对于促进白鹤梁题刻文化研究、加强运行管理意义重大。

（三）持续开展文化遗产传承工作

白鹤梁题刻是我国古代水文观测最重要的档案库，同时也是古代涪陵乃至我国古代历史社会变迁的活化石，充分挖掘文化内涵，在新的历史条件下，丰富发展文化遗产。

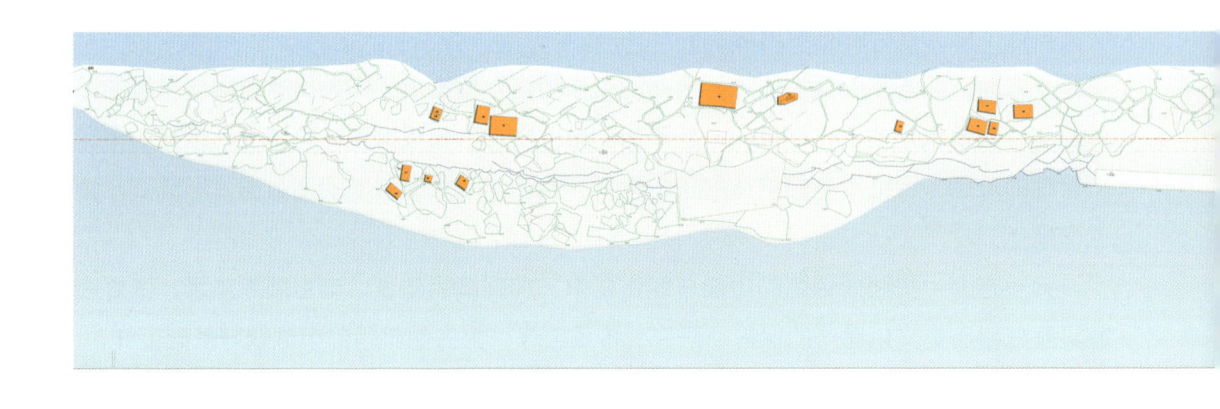

图：白鹤梁题刻分布图

各级党委、政府应进一步提高对做好文化遗产保护工作重大意义的认识，将文物保护提到国家文化安全、民族振兴的战略高度来认识，全面落实文物工作方针，为文化遗产保护提供制度、政策、经费、人员保障。进一步提升文化自觉，采取切实有效的措施，调动社会各界力量，推动形成热爱中华文化、保护文化遗产的良好社会氛围。进一步加大申遗工作力度，按照世界遗产的标准和保护规范，协调城市发展规划、经济社会发展规划，争取早日申遗成功。文物部门和博物馆应充分发挥主体作用，积极发挥和履行专业机构功能职责，改革探索，不懈努力，做好文物本体保护，加强学术研究，提升科技化程度。深入发掘白鹤梁题刻文化内涵，创新文化传承发展新途径、新模式，努力弘扬中华优秀传统文化。

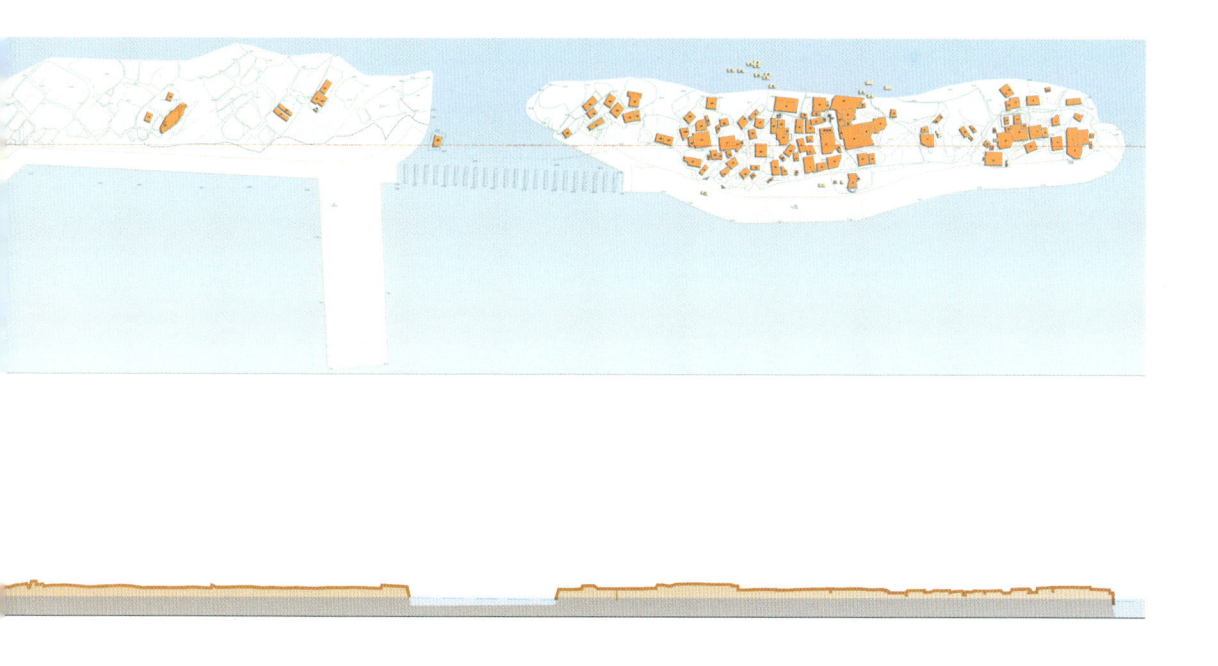

注：该图源自《白鹤梁题刻申报世界文化遗产文本》图2-11，由北京大学考古文博学院孙华团队提供。古代题刻集中分布在中段石梁上，中段石梁在极枯水期露出水面的长度有220米，最宽处约20米，最高处高于水面2.8米（海拔高程139.96米）。

目 录

第一章
白鹤梁题刻的发现与研究

一、清代的白鹤梁题刻研究 ⋯⋯⋯⋯⋯⋯⋯⋯⋯⋯⋯⋯⋯⋯⋯⋯⋯⋯⋯⋯ 4
二、民国至 20 世纪 70 年代有关白鹤梁题刻的调查与研究 ⋯⋯⋯⋯⋯⋯ 6
三、前三峡时期的白鹤梁题刻保护研究 ⋯⋯⋯⋯⋯⋯⋯⋯⋯⋯⋯⋯⋯⋯ 12
四、后三峡时期白鹤梁题刻研究 ⋯⋯⋯⋯⋯⋯⋯⋯⋯⋯⋯⋯⋯⋯⋯⋯⋯ 13

第二章
白鹤梁题刻水下原址保护

一、三峡工程背景下的白鹤梁题刻保护 ⋯⋯⋯⋯⋯⋯⋯⋯⋯⋯⋯⋯⋯⋯ 21
二、白鹤梁题刻保护诸方案的提出 ⋯⋯⋯⋯⋯⋯⋯⋯⋯⋯⋯⋯⋯⋯⋯⋯ 24
三、"无压容器"方案的深化设计 ⋯⋯⋯⋯⋯⋯⋯⋯⋯⋯⋯⋯⋯⋯⋯⋯⋯ 31
四、水下保护工程的实施 ⋯⋯⋯⋯⋯⋯⋯⋯⋯⋯⋯⋯⋯⋯⋯⋯⋯⋯⋯⋯ 35

第三章
白鹤梁题刻水下保护体运行管理研究

一、题刻文物本体的清洗保护 ⋯⋯⋯⋯⋯⋯⋯⋯⋯⋯⋯⋯⋯⋯⋯⋯⋯⋯ 48
二、题刻文物本体及保护环境监测系统 ⋯⋯⋯⋯⋯⋯⋯⋯⋯⋯⋯⋯⋯⋯ 50
三、循环水系统 ⋯⋯⋯⋯⋯⋯⋯⋯⋯⋯⋯⋯⋯⋯⋯⋯⋯⋯⋯⋯⋯⋯⋯⋯ 60
四、深水照明系统 ⋯⋯⋯⋯⋯⋯⋯⋯⋯⋯⋯⋯⋯⋯⋯⋯⋯⋯⋯⋯⋯⋯⋯ 62
五、水下保护体的玻璃观察窗系统 ⋯⋯⋯⋯⋯⋯⋯⋯⋯⋯⋯⋯⋯⋯⋯⋯ 63

六、潜水作业系统 —— 66
七、自动扶梯 —— 66
八、安防系统 —— 67

第四章
水下博物馆建设

一、白鹤梁水下博物馆的功能与藏品 —— 73
二、白鹤梁水下博物馆的展陈体系 —— 89
三、白鹤梁题刻文化传承 —— 98

第五章
白鹤梁题刻保护管理的可持续发展研究

一、水文遗产考察 —— 114
二、发展基础 —— 116
三、发展目标 —— 119
四、申报列为世界文化遗产 —— 120
五、中国水文博物馆（国家水文遗址公园）设想 —— 124
六、保障条件 —— 126

参考文献 —— 128
后记 —— 132

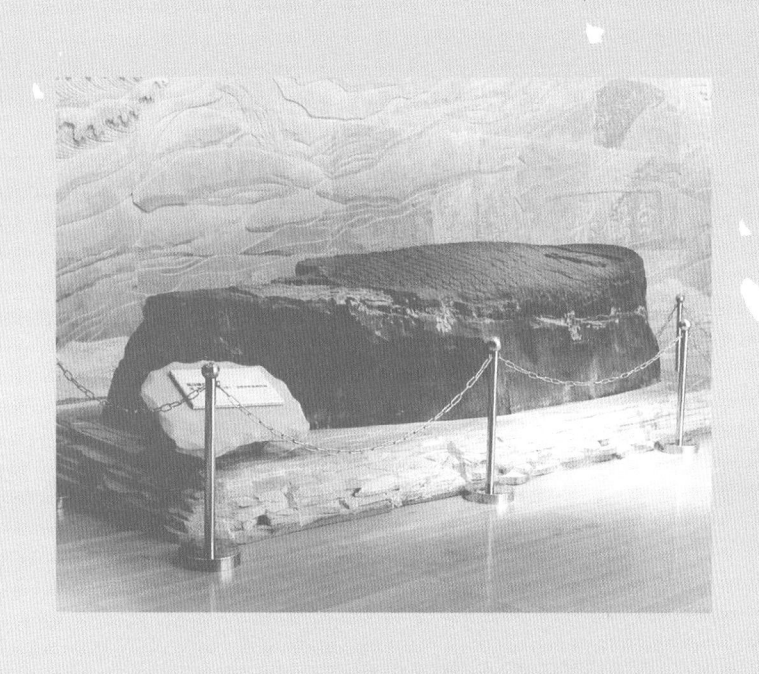

第一章：白鹤梁题刻的发现与研究

长江三峡河段（旧称川江）的古代题刻中，白鹤梁题刻自古就受到传统史家所关注，但清代以前文献少有以"白鹤梁"三字相称者，而是多以"石鱼""双鱼""石梁""石鱼浦""双鱼石"等称之。《舆地纪胜》卷一七四《夔州路·涪州景物上》曾记涪州石鱼云，石鱼"在涪陵县下江心，有双鱼刻石上，每一鱼三十六鳞，一衔蓂草，一衔莲花。有石秤石斗在旁，三年或十年方一出，出必丰年，唐大顺元年镌。古今诗甚多，刘忠顺有诗见在石上。"对于此段文献，以往学者多有利用，但是就其解读方式则各有不同。虽争议尚存，但不容否认，至晚在唐大顺元年（890）之前，白鹤梁上已经多有题记，也可以说，古人对于白鹤梁题刻的认知与续刻，在此时已经有所成形。然而令人遗憾的是，唐代及更早历史文献中，对于白鹤梁题刻并无更多记载，这样一来，成书于宋初的《太平寰宇记》中的内容实际就是有关题刻线索最早的记录。《太平寰宇记》卷一二○有载，其地"杂居溪洞，多是蛮獠，其性犷悍，其风淫祀，礼法之道，固不知之。开宝四年，黔南上言江心有石鱼见，上有古记，云广德元年二月，大江水退，石鱼见，部民相传丰稔之兆。"《太平寰宇记》之后，宋人地理类志书诸如《舆地纪胜》《方舆胜览》等书也陆续有对石鱼的记载，二书均引录宋人马提干《涪州五十韵》诗："地据襟喉重，城踰雉堞坚。东渐邻楚分，南望带夷边。舟楫三川会，封疆五郡连。人烟繁峡内，风物冠江前。溪自吴公邑，园由妃子传。许雄山若峻，马援坝相连。滩急群潴沸，崖高落马悬。石鱼占岁稔，铁柜锁晴天。地暖冬无雪，人贫岁不绵。岩标山谷字，观塑尔朱仙。"该诗首次将唐宋间广为流传的尔朱仙人的故事与白鹤梁"石鱼占岁"的传说结合起来，可谓后世相关故事之渊薮。

宋以后，白鹤梁题刻的记录渐多，诸如文集、笔记、杂史、方志等均出现一些题刻内容的描述与相关故事的记载。但需要指出的是，元明文献中依然不见白鹤梁之指称，仍多以涪州"石鱼"代之。至清代中后期以后，"白鹤梁"三字开始在文献中广为出现，无论诗词或是文赋中，"白鹤梁"已是很普遍之称呼，如《重修涪州志》于卷二"古迹"

内专以白鹤梁为名，讲述该处题刻。此外，石梁上也直接出现了"白鹤梁"三字石刻。

一、清代的白鹤梁题刻研究

明清后白鹤梁记载虽逐渐增多，但是大多数记述仍属题记转录或诗词阐发而已，并不能算作对题刻的专门研究。而这一时期为数众多的以收录与考据并重的金石学著作中，则几乎没有收录这批题记。特别是以记载巴蜀地区石刻、碑刻为主的著作，诸如李调元《蜀碑记补》、刘喜海《金石苑》均无只言片语道及。以《金石苑》为例，该书收录自汉代直至宋末碑刻题记四百九十三段，其中宋代碑刻占全书九成以上，地域范围涉及渠县、雅安、芦山、巴州（今四川巴中）、中江、广元、绵州（今四川绵阳）、华阳（治今四川成都一带）、南江（今四川巴中市南江县）等多地，但于涪州则未作记录，这不能不说是一种遗憾了。可以说，白鹤梁题刻的历史虽然悠久，但对其真正系统性地整理则已是清末时事。这一时期，最具代表性的就是姚觐元与钱保塘合署著作《涪州石鱼文字所见录》以及钱保塘独自署名的《涪州石鱼题名记》。

（一）姚觐元、钱保塘《涪州石鱼文字所见录》的成书

姚觐元，原名经炳，号彦侍，亦作彦士，晚号复丁老人，吴兴（今浙江湖州）人。其《涪州石鱼文字所见录》为任职川东兵备道时所作，就题刻辑录方式而言非常严谨，体例划分亦算得当。其价值主要有以下四点：

1. 首次形成白鹤梁题刻系统化的资料，体例完备

光绪四年（1878），钱保塘在接受了姚觐元的委派后，首先从缪荃孙所拓取的一百零八段拓片中，选定拓片一百段，然后按照时代先后顺序照录拓文，计"得北宋二十二种，南宋六十四种，附宋末九种，元五种，凡百种。"这批拓片集结了从北宋开宝年间至元至顺年间共三百六十年的石鱼文字记载，首次形成系统化的编年资料，创编了石鱼文字的研究专著。若从开宝四年（971）题记上溯到广德二年（764），则可再向上延伸二百余年。

2. 对历代石刻题名者的生平事迹进行考证，颇见功底

钱保塘于该书自叙中说："诸人中史有传者朱昂、黄庭坚、庞恭孙、刘甲。史无传而其书行世者，吴震、晁公武、晁公遡、邓椿、秦九韶。其余间有见于他书可考者，略为按语，缀于各条下。"这就使得该书不仅仅是单纯的拓片结集，而且与各朝各代的人和事息息相关，为后人继续研究石鱼文字提供了更为有利的条件。

3. 根据拓片内容引证相关文献，资料详实

白鹤梁题记中有开宝四年（917）题记称："古记云，唐广德春二月，岁次甲辰，江水退，石鱼出见。"钱保塘引证《太平寰宇记》："开宝四年，黔南上言，江心有石鱼见，上有古记云，广德元年二月，大江水退，石鱼见。"又如宝祐二年（1254）刘叔子题诗记提到石鱼："《图经》谓三五年或十年方一出，出则岁稔，大率与渝江晋义熙碑相似。"钱保塘于此条下引录《舆地纪胜》"重庆府丰年碑在江岸，谓之义熙碑。每水落而碑出，则年丰。人争摹打，数十年不一见"作为参证。

4. 对每幅拓片的尺寸、行数、字数都加注说明，测量准确

《涪州石鱼文字所见录》一书整理每幅拓片之时，首先要做的即为量取拓片尺寸，计算拓片字数，辨明书体。例如开宝四年题记注明"拓本高四尺六寸，宽三尺五寸，十三行，行十八字，正书，径寸许，多磨灭"。这不仅记述了拓片的原貌，为后代历史研究及文物工作者鉴定拓片实物提供了辨别真伪、完缺的依据。对水利工作者而言，尤其具有实际意义的是，每个拓片最下端，应是刻石距离水面的最近点，换句话说，基本上是当时的水位所在。

除以上所列诸点，《涪州石鱼文字所见录》一书对于拓本中出现的业已漫漶的文字，空而不辨，以防人为疏失。另外在考证方面，姚、钱二人往往先据整体内容判断创作时代，然后依次对题刻中官职、人名、地名等进行考证。对于同一时代同名同姓者，则列明所查史料，仅供阅读者参考，而不下断语。这些都为该书的学术价值增色不少。

总之，《涪州石鱼文字所见录》一书对于白鹤梁题刻的整理是开创性的。其中对于石鱼文字的一些考证颇见功力，为后世学者继续深入研究提供了一批可资参考的重要史料线索。

（二）钱保塘及其《涪州石鱼题名记》

《涪州石鱼题名记》最早的版本为光绪乙未（光绪二十一年，1895）年清风室校刊本。清风室为钱保塘书斋名，故清风室刊本实为钱氏自刻本。上海书店于20世纪90年代编辑出版《丛书集成续编》时，将此书与《涪州石鱼文字所见录》一同收入，并合刊影印。

《涪州石鱼题名记》不分卷，首页下方题海宁钱保塘编，共录入题刻一百段。每段题刻前依次注明字数、字体风格等情况。题刻后亦多附按语，释读题刻内容，并对题刻中所存人名、地名、职官沿革等进行考释。题刻整体以时代排序，但由于部分题刻时代难以断定，故也并非严遵此例。因该书与《涪州石鱼文字所见录》一出同源，故所录题刻亦依《涪州石鱼文字所见录》之原则，明及之后题刻不作收录。汉文题刻在前，唯一的蒙古文题刻则置于全书最末端，考释文字亦不多相同。

二书互异之处则在于《涪州石鱼题名记》序中言"光绪四年正月十一日海宁钱保塘序",后不见有跋语。《涪州石鱼文字所见录》或是由于前接《涪州石鱼题名记》之故无序,但有缪荃孙题跋,跋中言"光绪三年六月""江阴缪荃孙跋"。

需要注意的是,《涪州石鱼题名记》刻本前附有详细目录并标注石刻年代,而《涪州石鱼文字所见录》刻本不列目录,且石刻年代亦未标明。另外,《涪州石鱼文字所见录》于每条石刻下注明拓本尺寸,《涪州石鱼题名记》则略而不书。《涪州石鱼文字所见录》刻印保留了石刻的版式,《涪州石鱼题名记》则无此考虑。

至于其他一些方面都略有差异。如《朱昂题诗记》,《涪州石鱼文字所见录》记为:"拓本高四尺,宽五尺六寸。记八行,行十字。正书,径三寸。诗凡四行,行十二字,字径三寸五分。衔名一行。"《涪州石鱼题名记》则为:"正书,径三寸。凡八行,行十字。衔名一行。诗字径三寸五分,凡四行,行十二字。"

二书条目也有不同。《涪州石鱼题名记》共收录题刻题记等共一百段,而《涪州石鱼文字所见录》仅有九十七段,缺《卢棠等题名》《张彦中等题名》《何震午等题名》三段。又,《涪州石鱼题名记》中所录《贾涣等题名》在《涪州石鱼文字所见录》一书中录为《贾复等题名》,录文具体内容则大体相同。

总之,《涪州石鱼文字所见录》与《涪州石鱼题名记》二书内容均以题名为主。题刻内容虽多只涉及游览时间及人物,但亦有部分条目为文学作品,多未载于前代文集,借石得传,经二书收录后方传于世。

此外,二书所辑录的题刻信息,如《吴缜题记》"江水至此鱼下五尺",《庞恭孙等题名》"大宋大观元年正月壬辰,水去鱼下七尺",《贾思诚题记》"石鱼出水面数尺",《李景嗣等题名》"鱼在水尚一尺",《杨谔等题名》"石鱼出水四尺",《杜与可题记》"戊辰春,五马及双鱼出水",等等,成为民国及中华人民共和国成立初期学者调查题刻情况、研究长江水文变化极其重要的参考文献。

二、民国至 20 世纪 70 年代有关白鹤梁题刻的调查与研究

随着我国近代学科体系的建立,以及国外学术研究方法的传入,国内知识界逐渐开始聚焦白鹤梁题刻的研究。

(一)民国时期

早在 20 世纪 30 年代,施纪云在纂修《涪陵县续修涪州志》一书时,就延续《(乾隆)

涪州志》及《(道光)涪州志》传统,对过去《涪州石鱼文字所见录》及《涪州石鱼题名记》二书未收之宋元以后题刻,特别是清代题刻进行了广泛收录。同时期,由中国画学研究会主办的《艺林月刊》则设专栏《涪州石鱼文字所见录》,分期刊载白鹤梁题刻文字,供研究者查证。但是由于种种因素制约,直至 20 世纪 80 年代初期,学术界关于白鹤梁题刻的研究成果并不多见。在此期间发表的文章中,无论浅谈性质的科普读物还是严肃精深的研究论文,总数不过十余篇。而就发表时间来看,首推易哲文《长江中的一座古代水文站——涪陵石鱼》,该文首次以科学的态度,对部分具有水文研究价值的题刻进行了介绍,并就白鹤梁题刻的成因以及题刻中所反映的江水消长年代,进行了详细的解读。此后不久庞福成《白鹤梁记》一文,写道:"控涪陵之西北,离城数百步,有巨石焉。屹然立于江中,绵亘里许,每值夏秋之际,江水泛溢,汹汹混流,则沉没于江心,隐不可见。迨秋末冬初,水稍退,则石见如初,以供骚人墨客之游咏。驾小舟登其上,则波涛汹涌,风云开阔,诚有如范文正所谓'昼则舟楫出没于其前,夜则鱼龙悲啸于其下'者。东望乌江之下流,城郭隐隐可辨。西观荔圃诸山,岗陵起伏,草木行列。南有秦园桑林畅茂,渔父、樵夫之舍,皆可指数。北有伊川点易之故迹,山谷洗墨之遗址,令人徘徊感想。起无穷之思,而此石又有名人字画,唐宋间风流遗迹亦足称焉。噫!是石也,其所处之美,乃沉浮之际,有类贤人君子,隐德之士。孔子云'有道则见,无道则隐',今水浅而清则见,水涨而则隐,盖于出处之道,深有合焉。余不识其名,询诸父老,乃曰'白鹤梁夫鹤载于易,咏于诗,其清远间放,超然出于尘埃之外,以字兹石,岂非实至名归者乎'。余甚爱之,爱之不已,不禁长言之,故记之。"这是一篇游记性质的文章,但可以说是民国以来首篇对白鹤梁题刻及周边情况进行详细描述的文字。此文以后数年间,与白鹤梁题刻相关的文章几乎绝迹,不见再有发表。

30 年代以后,先后有多篇有关白鹤梁题刻情况的介绍性文字见诸期刊。比如杨讷庵《剑门涪江之游》一文,该文内容虽不专门谈论白鹤梁,但对涪陵白鹤梁题刻情况也有所述及。与之相似,宋其新在《旅行杂志》所发表《涪游小记》一文,也专门提到白鹤梁及附近其他题刻,更说此地"刻石拓帖者踵接不绝"。在 30 年代见刊的白鹤梁题刻相关文章还有《新世界》杂志所刊《白鹤梁》一文,该文极短小,不署作者。仅言"白鹤梁石鱼。涪陵城西江心,旧志,'尔朱真人,浮江而下,渔人有石姓者,举网得之,击磐方醒,遂于梁前修炼,后乘白鹤仙去,故名。'梁石刻有双鱼,皆三十六鳞,一啣芝草,一衔莲花,旁一秤一斗。其缘起不可考。唯唐广德中刺史郑令珪,已载上其事,谓其出为丰年之兆。相传历代名人,留题甚多,尔来水虽极涸,宋以前之刻石皆不可见。清王士祯诗云'涪陵水落见双鱼,北望乡园万里余。三十六鳞空自好,乘潮不寄一封书。'"

以上内容仍仅限对题刻文字进行介绍。此后直至40年代末，有关白鹤梁题刻的文字再次陷入沉寂，这一方面是由于进入30年代中后期以后，全面抗战打响，知识界关注重心有所转移，对古史及古遗迹的研究往往赋予一种沉重的历史使命感，古为今用、救亡图存意识高涨，故无论是通俗性传播还是学术研究，都自然会将白鹤梁这种本身尚显边缘化的遗迹排除在外。

相较于公开出版物的缺失，对于题刻本身的调查和续题等活动却一直没有中断。1915年，当时主持修纂涪陵地方志的施纪云与张树菁、颜广恕、雨茂才等人游历白鹤梁，并题记于上。"乙卯正月，江水涸，石鱼出。时哀鸿遍野，方与官绅筹赈恤，喜丰年有兆，亟往观焉，鱼形古拙，鳞有剥落痕。志载：其下刻秤、斗，今未见也。同游者邹进士增右，刘孝廉子冶，张树菁、颜广恕、雨茂才，曹淳熙上舍与其弟镛。旧史氏施纪云记。"1923年又有杨鸿胜、安平王叔度、隆昌张宪星、贵阳李任民等游白鹤梁，并作题记，然字迹漫漶，现已无法全文释读。1931年，又有曲阜颜爱博、江津成肇庆、崇庆杨茂仓、合川蒋汉宵以及周极甫等游白鹤梁，并作题记。原文为："神仙福慧，山水姻缘。民国辛未春，曲阜颜爱博，江津成肇庆，崇庆杨茂仓，合川蒋汉宵、周极甫偕游斯梁，历视往迹，憩而乐之，镌此纪念。"至1937年2月至3月，涪江水涸，石梁再次露出水面，是年，白鹤梁再添七段题记。其一为涪陵人刘冕阶所镌《白鹤时鸣图》。其二为刘镕经游白鹤梁所作题记《游白鹤梁》："江水西来去自东，浪淘淘尽几英雄，两三鸣鹤摩天渐，卅六鳞鱼兆岁丰。皇祐序诗刘转运，元符纪事黄涪翁。遍舟载得潞州酒，醉听渔人唱晚风。民国丁丑仲冬，玉山老人刘镕经题，年七十六矣。邑人刘树培涂鸦。同游文君明盛、王君伯勋。"其三为刘镜源诗记一则："白鹤梁中白鹤游，窗听飞花几千秋。只今皓月还相照，终古长江自在流。铁柜峻峭樵子路，鉴湖欸乃渔人舟。升沉世事何须问，把酒临风一醉休。民国丁丑大悔刘镜源题。"其四为文德铭题，刘冕阶书石鱼诗一首："民国丁丑仲春，偕弟德修、德禄、德禧游白鹤梁观石鱼。双鱼石出兆丰穰，弟后兄先叙雁行。白鹤不知何处去，长江依旧水泱泱。"其五为是年二月，刘镜源、陈翼汝、刘德藩、石应绩、潘俊高、张肇之、郭载之、刘冕阶、刘泽金等人观石鱼后所作"白鹤绕梁留胜迹，石鱼出水兆丰年"题记。其六为是年三月，何耀萱偕曾海清、刘升荣、王和欣、谭佑甫、蒋慎修、周国钧、周哲生、刘静禅游白鹤梁时所作题记："民国二十六年三月，雨泽稀少，河流枯落泻卤。鉴湖中有石梁横亘，古凿有两石鱼于其上，相传水涸鱼出，出则岁丰。公余之暇，偕曾海清、刘升荣、王和欣、谭佑甫、蒋慎修、周国钧、周哲生、刘静禅诸君命舟渡梁，眺览大周，果见鱼出。窃思涪陵亢旱六载于兹，民不聊生，哀鸿遍野。今天显仁爱，示兆于石，斯亦吾民之大幸也。海清命余为记，并勒诸石。邑人何耀萱记。方伯旻书。"其七为是年三月十三日卢学渊等题记："民生公司渝万河床考察团冉崇高、江世信、李晖汉、魏哲明、罗嘉献、殷平志、陈资生、赵海洲等二十九人经此留念。重庆水位倒退一尺六寸，宜昌水位倒退一尺八寸。民国二六年三月十三日，卢学渊题。"对于该处题记，《新世界》杂志1937年第5期曾有短消息予以报道，原题《渝万河床考察团在白鹤梁题字》："十四日午，渝万河床考察团陈资生、李晖汉等二十余人，乘民用到涪，在白鹤梁鉴别水位，并将渝宜倒退水位，请卢学渊经理书写，雇工刊于该梁，共七十八字，以留纪念。"

（二）改革开放前有关白鹤梁题刻的研究

中华人民共和国成立后，有关白鹤梁题刻的调查与研究逐渐走向科学的轨道。可以说，从这一时期开始，白鹤梁题刻正式结束了单纯依靠传统金石学资料著录的研究方式，开始多种研究方法并重，注重发掘白鹤梁题刻本身所附着的地理信息、水文资料等多样化价值。

1958年，重庆市博物馆（现重庆中国三峡博物馆前身）派员参加长江三峡考古调查，发现并椎拓白鹤梁题刻及其他一些重要水文考古资料200余幅。是年冬，博物馆结合其他地区同时进行的考古调查，撰成《长寿、涪陵、武隆、彭水文物调查报告》，并附《长寿至彭水沿线文物分布图》。1962年长江水位有所下降，白鹤梁上大批题刻显露出来。是年3月，重庆市博物馆计划在原有馆藏碑刻拓片的基础上，增加收集四川地区的古代碑刻拓片资料，拟编辑一部《四川石刻文字图征》。根据邓少琴先生的建议，龚廷万与胡人朝二人赴涪陵工作，在涪陵文化馆郭昭岑、徐泽光等人的配合下，从3月13日至3月30日，集中工作18天，取得了很大的成绩。这次调查在传统金石学方法之外，融入了不少现代文物研究方法，除对所见题刻进行数量统计外，还对题刻逐一进行编号、照相，并就水文情况与题刻所记进行了实地测量。利用这次调查，重庆市博物馆不但绘制了石梁地形平、剖面图，以及白鹤梁题刻分布草图，还椎取拓片81幅。但是因这年长江并不到历史最低水位，仍有大批题刻无缘得见，特别是清代《萧星拱重镌双鱼记》题刻仍没于水中，致使调查组无法弄清石鱼水标的年代始末。1963年2月15日，石鱼露出水面1.45米，梁上题刻露出水面很多。是年3月17日，博物馆又组织调查组对题刻情况进行摸排。这次调查除了补拓上年未拓的清代以来题刻之外，还测量了清代萧星拱重镌石鱼中线距水面的距离，并将这个距离同附近长江航运水尺所示的水位进行了比较，绘制成《古代石鱼与现在川江水位比较图》，发现当日石鱼去水的高度与当地长江航运水尺的零点距离水面的高度相同。

可以说，重庆市博物馆组织的此次调查，是中华人民共和国成立以后首次对白鹤梁题刻进行的系统考察工作。考察的目的本是鉴定石刻年代，并为题刻编号以及统计数量，捶打拓片，与传统题刻整理差别不大。但随着相关工作的开展，调查组却从中发现了白鹤梁题刻更多的水文价值，这次考察也被认为是以后长江上游地区"水文考古"的开端。调查工作进行期间，龚廷万、李谦写成《四川涪陵石鱼铭刻图集》书稿，对重庆市博物馆所存168段题刻拓本进行年代编排，附拓本照片，手录了钱保塘部分考证文字，并就一些题刻进行了初步的考证。不久，龚廷万再撰《四川涪陵"石鱼"题刻文字的调查》一文，发表在《文物》杂志1963年第7期。该文制作了石鱼题刻简表，详列已取得各拓片信息，并详细列举了石鱼及拓片的水文科学价值。1970年，博物馆还曾派员参加长江上游水文考古调查，对白鹤梁题刻材料再次进行补充收集。

这几次调查以后，对白鹤梁题刻的考察逐渐走向多元化，无论历史、艺术还是科学方面，都有研究人员的目光聚集。同时，研究方法也焕然一新，不再单纯是著录和考据，而是运用现代测量技术与记录方式，精准地判断出这批题刻的各种价值。在研究方式变化的背景之下，学术界对于白鹤梁题刻研究的视角和选题逐渐呈现出多样化的趋势，研究内容变得更加深入和广泛。

在整个60到70年代，有关部门为了给当时正在规划中的长江三峡水利工程提供有效的历史资料，多次组织专家、学者对包括白鹤梁在内的重庆市江津区到湖北省宜昌市之间的长江历史洪水、枯水位情况进行调查研究。特别是1972年1月27日至4月4日，长江流域规划办公室和重庆市博物馆组成联合枯水调查组，对白鹤梁一带石鱼水标和枯水题记等情况进行专题调查与研究，后又转赴宜昌，对宜昌段情况进行考察，最终由龚廷万执笔撰成《渝宜段历史枯水调查报告》。此稿并未刊布，但其简本《长江上游渝宜段历史枯水调查——水文考古专题之一》，则以长江流域规划办公室与重庆市博物馆历史枯水调查组的名义，刊载于《文物》杂志1974年第8期。

这次调查以后，利用所取得的成果，重庆市博物馆在《光明日报》1974年1月6日第三版刊文《古代长江"水位站"——关于四川涪陵白鹤梁石鱼题刻》，这是白鹤梁题刻首次在全国性权威媒体上得到宣传。董其祥在文章中提出，白鹤梁题刻的出现，"证明了至少在距今1200多年前，中国古代先民就创立了富有民族风格的古代'水尺'，开创了立'尺'以记水文的新纪元"。也是在这一年，联合国教科文组织有关国际水文工作的学术会议在巴黎召开，中国代表团在会上作了题为"涪陵白鹤梁题刻"的研究报告，该报告引起了与会各国专家学者的极大兴趣，白鹤梁从此正式步入了国际学术界视野。此外，1977年，重庆市博物馆还曾组织人员调查涪陵、武隆、彭水等地文物情况，是年

11月撰成《涪陵、武隆、彭水三县调查简报》。

在重庆市博物馆开展相关工作的同时，根据长江流域文物考古工作队四川分队的分工，重庆市图书馆亦于1974年组织人员编写了《长江流域重庆至巫山段水文地震历史资料提要索引》一书，在水文题刻部分，该书汇列了古籍中关于石鱼出水的时间、地点，并做了摘要，为方便研究者检索，还详举文献篇名、出版年、索书号等信息。

从这以后直至80年代初，有关白鹤梁的研究趋于沉寂，但是这一时期发表的成果为研究者关注白鹤梁题刻的历史文化背景以及文化特质，分析其科学价值、艺术价值、历史价值起到了先导与推动作用。

在进行学术研究与调查的同时，白鹤梁题刻的续题以及其他相关活动亦无中断。1955年，贵州省博物馆征集到一批白鹤梁题刻拓片，被相关专家认定为清拓本。1963年2月，涪陵县文化馆在白鹤梁题记一则，其内容为："红日艳艳映碧空，白鹤翩翩舞东风。鉴湖泛舟歌盛世，石鱼唧花庆丰年。"其下又作后记："我县人民在共产党和毛主席的英明领导下，在总路线、大跃进、人民公社三面红旗的光辉照耀下，战胜了连续三年的特大旱灾，使我们的经济情况日益好转。去年比前年好一些，肯定今年必将比去年更好。"尾题"涪陵县文化馆，1963年2月15日"，后再镌"石鱼距水1.45公尺。长寿水位零下0.68M。"与此题刻同时，又有涪陵地区专员公署副专员山东牟平林樵题诗刻一章："水枯江心石鱼现，相传鱼现兆丰年。丰稔岂由鱼断定，战胜自然人胜天。"此题刻旁，涪陵地区专员公署副专员四川达县龚堪贵再题《卜算子·游白鹤梁》词一首："涪陵长江心，白鹤梁驰名。相传石鱼唐人刻，还有佛像神。石鱼兆丰年，游者题诗称。尽管有唯心观点，贵在四代文。"

这一时期，重庆市博物馆还利用数次水文调查的成果，于1973年举办了专题展览"长江上游水文考古展"，展览分三部分：第一部分为"正确的方向，光荣的任务"；第二部分为"水文考古新成就"；第三部分为"广阔的道路，光辉的前景"。1977年，博物馆再与上海博物馆、长江流域文物考古工作队合作举办了"长江流域水文考古展览"，展览最终在北京故宫博物院汇报展出。两次展览展出了大量包括白鹤梁题刻拓本、题刻著录书籍在内的水文题刻展品，通俗易懂的语言、平实浅近的文字为宣传白鹤梁发挥了一定作用。基于前期工作的扎实展开，1978年白鹤梁成功入选涪陵县文物保护单位。

总之，这一时期的白鹤梁题刻研究，在很多方面属开创性的尝试，其中虽或有传统研究方式的延续，但更多是在一种理性与科学精神的指引下进行的有益探索，这为改革开放以后白鹤梁题刻的进一步研究提供了一批宝贵的学术资源。

三、前三峡时期的白鹤梁题刻保护研究

进入 20 世纪 80 年代以后，随着三峡水利工程被正式提上议事日程，在国家文物局的领导下，中国历史博物馆水下考古研究室开展了大量关于三峡工程水下文物的考古调查工作，对白鹤梁水下题刻、朝天门码头灵石水下碑林、云阳龙脊石题刻等古代遗迹进行了详细的探摸与记录，并获取了丰富的成果资料。1980 年，白鹤梁进入四川省文物保护单位名录，1988 年成为全国重点文物保护单位（2000 年增为重庆市文物保护单位）。1992 年，重庆市博物馆在充分调查研究的基础上撰成《关于三峡水库重庆淹没区地下文物的初步调查和下一步工作计划的报告》，白鹤梁题刻是其中的重点。1994 年 10 月 28 日，重庆市博物馆提交《涪陵市三峡淹没区文物保护规划情况》，为当时正在筹划中的白鹤梁题刻文物保护工作提供了决策参考。在科学调查的同时，学术界对白鹤梁题刻的研究逐步升温，并于 90 年代中期掀起了一个小的高潮。这一时期，有关白鹤梁的资料汇编性质的图书开始集中出版，如政协四川工委编《世界第一古代水文站——白鹤梁》、陈曦震主编《水下碑林——白鹤梁》，水利部长江水利委员会编著《长江三峡工程水库水文题刻文物图集》，陈曦震主编《鹤风鱼韵——白鹤梁诗萃》，陈曦震、陈之涵著《中国长江水下博物馆——白鹤梁题刻》。以上书籍为世人认识白鹤梁、研究白鹤梁题刻提供了便利，但是由于这些出版物本身性质不一，侧重点各异，因此，多少存在一些问题，如收录题刻不全、释文错误、解读失当等等。对此，曾超先生出版的《三峡国宝研究——白鹤梁题刻汇录与考索》，分"正误""辑佚""考证""求索""附录"五个部分，对以上诸书存在的问题进行了汇总补正，并就研究白鹤梁题刻提出了一些富有启发性的思路。此外，高文等编《四川历代碑刻》、长江水利委员会宣传出版中心编《长江志》、郑东敬著《中国三峡文化概论》、胡人朝编《中国西南地区历代石刻汇编·四川重庆卷》等书也对白鹤梁题刻进行了部分收录介绍。除以上公开出版物外，这一时期重庆市博物馆研究员胡昌健还自编《四川元以前石刻文字简目》一书，稿本现藏重庆中国三峡博物馆资料室，该书内容虽并非专研白鹤梁，但其中对《涪州石鱼文字所见录》《金石苑》《四川通志》等书篇目的整理，涉及石鱼文字甚多，为学者检索相关典籍提供了便利。另外，1990 年北京图书馆（现国家图书馆）金石组编成《北京图书馆藏中国历代石刻拓本汇编》，此书收录有该馆旧藏白鹤梁题刻拓片《庞恭孙题记》以及《吴革等观石鱼题记》两幅。曾枣庄、刘琳主编《全宋文》收录题刻汉字数段。而《中国金石总录数据库》据《八琼室金石补正》收录《吴革等观石鱼题记》《庞恭孙题记》等，《历代石刻文献全编》则未见石鱼文字。

四、后三峡时期白鹤梁题刻研究

新世纪以来，随着三峡工程的完工，一些与白鹤梁题刻保护工程相关的著作开始出版。

2011年，白鹤梁题刻所在的重庆市涪陵区组织编写《涪陵历史文化丛书》，首批十四个选题中包括黄海主持的《白鹤梁题刻辑录》。该书详细收录了已发现的白鹤梁题刻，并就题刻逐一进行释文，书尾以附录形式列《白鹤梁题刻的记载与研究索引》，为相关研究的继续展开提供了方便。

谢向荣、吴建军、章荣发等著《水下文化遗产保护——白鹤梁题刻原址水下保护工程》一书，该书分上下两篇，上篇主要是水下保护工程的实施方案及技术报告，下篇主要是白鹤梁水下题刻保护工程的保护方案以及关键技术问题、工程实践等方面的解读。有四个附录，分别是《水下遗产保护公约》《加强水下文化遗产保护的重庆建议》《白鹤梁题刻文物保护工程大事记》《工程与文化相互促进的武汉倡议》。由于该书主要作者均任职于长江勘测规划设计院，并直接或间接参与了白鹤梁题刻水下保护工程，因此他们对题刻保护工程的解读，更具针对性与可读性。重庆市文物局与重庆市移民局共同编著《涪陵白鹤梁》一书，共分三篇。首篇《历史与研究》，主要对白鹤梁的地理环境、白鹤梁题刻的概况、白鹤梁题刻演变的历史以及题刻的发现与研究等进行介绍。第二篇《勘察与保护》重点回顾了白鹤梁题刻保护工程方案的形成，汇集了《水下保护工程地质勘察报告》《白鹤梁题刻原址水下保护工程专题研究》等方案文件。第三篇为《设计与施工》，共八部分，依次为涪陵白鹤梁题刻保护工程设计工作，涪陵白鹤梁水下工程施工，涪陵白鹤梁G标段工程——地面陈列馆，涪陵白鹤梁工程竣工验收、竣工决算及工程移交，涪陵白鹤梁题刻原址水下保护工程在科技创新方面的贡献，永恒的记忆，涪陵白鹤梁工程大事记，涪陵白鹤梁工程主要参建单位名录。全书最后亦以附录形式，收录与白鹤梁题刻水下保护工程相关的各类文件及会议纪要等二十篇。可以说，该书是目前有关白鹤梁题刻保护工程最权威的官方报告集，它的出版对于学界充分了解白鹤梁，掌握题刻保护工程整体情况多有助益。此外，天津大学白鹤梁题刻保护规划组编《长江三峡工程淹没及迁建区四川省涪陵市白鹤梁题刻保护规划报告》以及郝国胜编《二十年——三峡工程重庆库区文物保护总结性研究 1992—2011》二书，也是相关学科研究白鹤梁题刻保护工程的重要资料。刘兴亮的《白鹤梁题刻整理与研究》则是在前人研究基础上，对三峡博物馆藏拓本资源进行系统校释与专题解读，编写了人名索引以及资料目录，方便学界利用。王晓晖的《白鹤梁题刻文献汇集校注》对题刻文字、题名人情况进行了注解。

2016年，重庆中国三峡博物馆与北京大学孙华教授策划编辑《白鹤梁题刻丛书》，该丛书入选国家"十三五"重点出版规划及2018年国家古籍整理出版专项经费资助项目。至2020年底，已出版《白鹤梁题刻求索集》《巴渝石刻文献两种合校》《白鹤梁题刻史料辑录》等三种，其余正在有序撰写出版中。

值得一提的是，整个三峡建设时期，大量通俗读物以及地域文化研究论著中也多涉及白鹤梁题刻的内容。如涪陵县人民政府地名办公室编《四川省涪陵县地名录》，文绍奎、李梅主编《涪陵风物录》，杨铭等编著《三峡史话》，沈宁编《中国考古博览》，吴涛等编著《巴渝文物古迹》，李胜编《涪陵历史文化研究》，马培汶编《历史文化名人与涪陵》，张立先编《石壁立西江——中国三峡工程决策建设实录》，章创生等著《重庆掌故》，高文麒编《巴渝川蜀文化》，白鹤梁水下博物馆编《白鹤梁——世界第一古代水文站》等均属此类。这类书籍还有很多，此处不再逐一罗列。

在出版图书的同时，学术界有关白鹤梁题刻研究的项目申报也如火如荼地展开。1994年，文物部门委托重庆市博物馆进行"三峡工程川江水文石刻"研究，并签订正式委托书，后相关课题组撰成《三峡石刻题记》研究报告。后三峡时期，申请获批的各级研究项目有：重庆市教委人文社会科学资助项目"白鹤梁题刻文化遗产研究"；重庆市文物局"白鹤梁题刻文物本体和保护环境监测"项目；重庆中国三峡博物馆博士项目"白鹤梁宋元题刻研究"；国家古籍整理出版专项经费资助项目"白鹤梁题刻文献汇集校注"；长江师范学院"白鹤梁文化研究丛书"项目。此外，长江师范学院科研启动基金项目"重庆古代石刻文献研究"，重庆市教委资助项目"乌江石刻文化研究"，重庆市重大社科研究项目"重庆碑刻整理与研究"，教育部人文社科规划项目"水文记录与社会意识：中国古代洪水枯水题刻研究"，国家社会科学基金项目"微痕分析与数字模型技术在考古研究中的应用""乌江流域非物质文化遗产保护与抢救研究""西南少数民族非物质文化遗产保护研究""三峡地区古代石刻整理研究""重庆石刻文献总集元数据整理研究""白鹤梁题刻题名人群体研究"，以及长江师范学院科研项目"乌江沿岸少数民族文字题刻研究"等，都有一定篇幅涉及白鹤梁题刻的研究。2015年12月，北京大学还专门利用项目研究成果及所藏拓片资源举办了白鹤梁题刻拓片展，广受学界好评。重庆中国三峡博物馆成功申报并实施"白鹤梁题刻旧拓知识图谱"项目，对以往研究进行图谱化链接，是一种学术与文化普及融合发展的大胆尝试。

各类相关图书出版的同时，这一时期有关白鹤梁研究的学术论文数量也开始井喷，可谓成果丰硕。从已有研究成果来看，主要有四个大的方向：

一是有关白鹤梁题刻文物本体保护方面的研究。此方面研究有杨宝衡《涪陵白鹤梁的形成、发展与保护》，赵冰《白鹤梁题刻保护规划总体方案》，贺勇《沉没，也记忆——涪陵白鹤梁题刻地面陈列馆设计方案札记》，郭晓《白鹤梁题刻原址水下保护工程交通廊道的止水连接设计》，李宏松《白鹤梁题刻保护工程》，刘斌《白鹤梁题刻原址水下保护工程围堰施工技术》，宋靖华《保护题刻古迹再现长江水文历史——长江白鹤梁题刻文物保护方案研究》，张绪进《三峡库区涪陵河段泥沙淤积及对白鹤梁题刻影响的研究》，王小兰《白鹤梁题刻——国际档案遗产保护成功范例》，赵万民《三峡工程中历史文化遗产保护问题：涪陵市迁建与白鹤梁保护规划思考》，胥润生《再谈长江三峡文物"白鹤梁"的保护》，黄真理《白鹤梁题刻保护问题及其与水域环境的关系》，刘争《白鹤梁，不灭的记忆——涪陵白鹤梁保护历程回顾》，刘忠铭《涪陵白鹤梁题刻原址保护参观廊道设计综述》，周建军《关于涪陵白鹤梁题刻保护工程的可靠性研究和建议》，胡长华《白鹤梁题刻水下保护工程安全监测系统设计研究》，汪耀奉《长江涪陵白鹤梁题刻在科学文化领域中的应用》，王思渝《以遗产价值为核心的取舍——关于白鹤梁遗产保护和展示行动的评述》，蒋锐《浅析水下文化遗产保护管理措施及成效——以白鹤梁题刻为例》，杨娟、杨邦德《白鹤梁水下石质文物保护与展示》，杨娟、蒋锐《白鹤梁题刻原址水下保护工程水下技术分析》等等。这类成果很多，不一一列举。

二是关于白鹤梁题刻价值的认识及文旅融合等方面的研究。如袁明媛《白鹤梁效应打造涪陵文化名片的思考》，王春振《白鹤梁题刻的历史贡献与当代价值探析》，王高龙《巴渝文化的璀璨奇葩——涪陵白鹤梁题刻》，吴胜成《白鹤梁题刻水下考古新发现及其历史意义》，周兰《以游客体验为基础的产品开发：ASEB栅格分析法——以白鹤梁水下博物馆为例》，徐秋颖《白鹤梁的重庆角力》，黄江华《白鹤梁景观文化成因探源》，蒋锐、肖扬《博物馆文化创意产品的开发与设计研究——以白鹤梁水下博物馆为例》，沈速《重庆白鹤梁石鱼纹饰分析》等文均属此类。

三是对白鹤梁题刻整体的文化解读。熊达成是较早透过史学视角对白鹤梁题刻做整体解读的学者，他于20世纪80年代早期发表论文《从涪陵白鸽（鹤）梁石鱼题刻看四川省的水旱灾害》，利用石刻题名资料，对古代四川地区水旱情况进行了图文汇总。丁祖春、王熙祥、胡昌健、武仙竹、邹后曦、黄海、王兴国、李胜、王晓晖也都有此类研究成果。曾超是目前国内学术界对白鹤梁题刻整体研究用力甚勤的学者，对白鹤梁题刻的研究几乎面面俱到，发表了一系列相关学术成果，如《"石鱼出水"的文化意蕴》《三峡库区白鹤梁题刻的姓族考察》《试论白鹤梁石鱼文化的科技理性精神》《浅议"石鱼出水兆丰年"》《〈刘氏宗谱〉与白鹤梁题名人考察》，以及收录于王久渊等主编《乌江经济文化研究》一书中的《试论枳巴文化对白鹤梁石鱼文化的影响》《试论白鹤梁石鱼文化的开放精神》《石鱼题刻哲学观念探索》《西南地区白鹤梁题刻唐宋涪州牧考述》《白鹤梁题刻易学文化考察》等论文。这些研究通过仔细梳理题刻所录内容、刻石情况、书写风格等，对白鹤梁题刻所蕴含的科技、人文、历史等信息进行了充分的发掘，得出了一系列有价值的结论。这种研究是对白鹤梁题刻研究内容的进一步拓展。

四是对白鹤梁题刻的断代研究、个体研究。从现有研究来看，对题刻的断代研究并不是很多，已有研究也主要集中于单个刻石的考察。如黄秀陵《涪陵白鹤梁"瑞鳞古迹"题刻》《宋代科学家秦九昭与白鹤梁的水文科学》均是就宋人秦九昭与白鹤梁水文记录关系及背景所做的述论。与之相似，周晏有《白鹤梁题刻与中世纪数学无冕之王——秦九昭》一文。此外，还有胡昌健《涪陵白鹤梁"元符庚辰涪翁来"题刻考》，李金荣《涪陵白鹤梁题刻"元符庚辰涪翁来"考辨》，周晏《白鹤梁蒙文题刻背景追述》，曾超《白鹤梁题刻〈晁公溯（遡）题记〉价值小议》《白鹤梁题名人濮瑗史迹稽考》《白鹤梁题名人张师范史迹考》《白鹤梁题名人董维祺涪州史迹考》《白鹤梁题名人萧星拱史迹稽考》，王晓晖《北宋涪州知州考略》，何凤桐《宋代长江水文题刻实录》，高远《白鹤梁题刻与宋史研究》，李胜《〈八琼室金石补正〉石鱼朱子诗辨伪》等文也属此类。

综上所述，现今学术界对白鹤梁题刻的研究已比较全面。这种成就的取得，有赖于三个方面的因素：一是国家对三峡文物保护工程的启动，使大批白鹤梁文物得以完整留存；二是在学界与出版界的通力配合下，有关白鹤梁题刻的原始材料得以大量整理和刊布；三是近年来学界更注重多学科研究方法的综合利用。尤其是第三个方面，正是研究方法的调整，使研究者对白鹤梁题刻产生了新的认识。如果简单从某一学科出发去研究白鹤梁题刻，易陷入结论的偏颇，只有从多学科的视角去考察，才会正确地判断白鹤梁题刻所蕴含的丰富历史信息。当然，尽管白鹤梁题刻研究已经取得了很大的进步，但仍然存在着一些问题和不足。

首先，白鹤梁题刻的研究全面而不系统，缺乏全局性的史学观照，因而迄今为止，除曾超、王晓晖、刘兴亮等人对题刻有集中考释、阐述外，尚没有其他以史学视角全面深入研究白鹤梁题刻的专著和论文出现。

其次，缺乏以申遗为导向的针对性研究。白鹤梁题刻研究虽一直以来具有一种倾向，即重视成果的功用性，但成果多泛泛而谈，以解读其文化旅游开发价值为主，极缺以质量为标杆、以申遗为导向的纯学术考察，已发表成果目前仅见蒋锐、杨娟、邓佳《白鹤梁题刻申报世界文化遗产的思考》。申遗研究的缺乏，一方面造成大众遗产认知的脱节，另一方面也使申遗不能对标、对表，不利于工作的持续开展。

再次，缺乏针对公众的题刻文化知识普及，缺少题刻的数据化、图谱化等高科技传播手段的应用。当前，虽然水下博物馆已经在题刻展览、展示以及宣传方面做了大量工作，一些通俗出版物亦有涉及，但是文化转化程度仍然偏低，数量仍然偏少，大众对题刻知识的求知欲望与研究者的知识解读间仍存较大差距，因此有必要在绘本、画册、图谱、知识库等方面持续投入精力，产生一批既有学术准确度又受大众认可和喜爱的成果。

最后，虽然多学科视角的应用已经纳入白鹤梁题刻的研究之中，但这种研究无论是从数量还是从深度而言，都还有明显不足。白鹤梁题刻之所以得以留存于涪陵长江段，题刻之所以以宋元时期遗存居多，既有外在的社会风气、区域文化等方面的原因，又有题刻文字本身的要求和根据，但目前研究尚缺少这方面的思考和分析。因此，在以后的研究中，可以对宋元题刻做出详实考证的同时，充分发掘其他传世文献材料，将宋元题刻的研究放在宋元时期巴渝地方史以及宋元史研究的大视野之下，进行宏观考察，相信所获必然会更有学术价值。

总之，白鹤梁题刻无论是在学术层面还是成果利用层面，仍有较大的拓展空间和议题生发的余地，值得做进一步的讨论。

第二章：白鹤梁题刻水下原址保护

1992年4月3日，第七届全国人民代表大会第五次会议审议并通过了关于兴建长江三峡工程的决议。1994年12月14日，三峡工程开工建设。1997年11月8日，实现大江截流，2003年6月1日开始蓄水，2009年工程建设完工。

三峡工程建成水库蓄水后，长江涪陵河段的水位也随之发生改变。从原来的枯水期低于高程138米，洪水期高达高程170米，改变为库区汛期运行水位高程145米，正常蓄水位高程175米。白鹤梁题刻环境也发生很大变化。石梁顶端高程139.96米的白鹤梁，在三峡水库蓄水后永远淹没于江水之下。三峡水库蓄水运行后，涪陵段长江水动力环境也发生很大变化。随着涪陵段长江水流速减缓，泥沙淤积将日益增大，题刻区将被泥沙覆盖；而推移质的作用将影响河床主槽的发育，有可能导致主槽位置的摆动和偏移，从而影响题刻区的整体稳定性，这些因素将对白鹤梁题刻所在梁体构成威胁。石梁板片状剥落、表面侵蚀、游人践踏、船只撞击等损坏危险可能有所减轻，但岩体崩塌、裂隙变切和锚爪刻划等引起的毁坏威胁仍存在。为了消除这些隐患，实施有效的保护，必须采取人为干预措施对白鹤梁题刻这一水下文化遗产及其环境进行科学保护。白鹤梁题刻的科学保护作为三峡工程的重大课题被提上议事日程。

一、三峡工程背景下的白鹤梁题刻保护

白鹤梁题刻保护受到水位变化的直接影响，既有三峡工程蓄水后水位上升的因素，也有长江水位在各个季节涨落变化的影响，这给保护工作和保护工程施工带来严峻挑战。白鹤梁题刻作为一处极为重要的文化遗产，在三峡库区受影响文物中，地位极其重要。白鹤梁题刻的保护工作，具有标志性的影响，如果没能妥善保护，"中国第一古水文站"将就此从人们眼中"消失"，或者，任其被泥沙淤积，自生自灭，我们将无法面对世人和子孙后代的质疑。白鹤梁题刻的保护刻不容缓。

（一）保护原则

作为三峡库区受影响文物中为数不多的全国重点文物保护单位，白鹤梁题刻的保护必须落实《中华人民共和国文物保护法》"保护为主、抢救第一、合理利用、加强管理"的方针，并参照国际古迹遗址保护的理念，突出水下文化遗产、古水文题记的特性，妥善保护文物本体及其与环境的关系。白鹤梁题刻标注着历史上漫长时期的水位变化，如果不能连文物本体及其与环境的关系一起保护，其历史、艺术、科学价值和其中蕴含的海量信息将受到极大损失。这也就是文化遗产保护领域关于文物保护要做到真实性、完整性全面保护的根源。为此，首先确立了白鹤梁题刻保护的若干原则。

1. 不改变原状原则

当代文化遗产保护的主流做法，是将文物及其环境一同保护，尽量不改变原状。这也是文物保护的真实性原则。白鹤梁题刻是一道天然石梁，目前发现自唐代以来，人们在石梁上题刻、标记，始终没有改变石梁与长江的关系。白鹤梁题刻以在石梁上镌刻的石鱼为标尺，记录了1200多年的水位信息，形成了长江、石梁、题刻之间密不可分的关系。若白鹤梁这道天然石梁离开长江江心原址，题刻若离开天然石梁，就会丧失其对于长江河道变迁、气候变化、水位周期起伏等重大信息历史见证者、记录者的功能，人文与科学价值将大打折扣。目前白鹤梁题刻的现状，充分体现了其原状，保留了最原真的本质，所谓最佳保护方案，应该是能完整保留白鹤梁题刻原状的方案，也就是原址保护方案。

2. 完整性原则

国际上关于文物保护的完整性原则，既指对文物及其环境进行完整保护，也指对文物真实性的全面保护。天然的白鹤梁石梁全长1600余米，题刻主要集中在中段约60米长度的石梁上。据研究，白鹤梁题刻中段保留的题刻，种类多、数量大、文字众多，是重点保护区域，而其余部位的题刻，与中段题刻内容基本相近。根据完整性保护的原则，必须对所有现存的题刻进行妥善保护，以最大限度保存历史信息。

3. 可逆性原则

可逆性原则是文物保护领域基于科学态度，认识到人类知识与能力的欠缺，为避免因认识水平和技术手段制约而造成对文物的"保护性破坏"，为确保文物的永续利用而提出的。白鹤梁题刻作为水下文化遗产，处于三峡工程背景下，其保护的难度和社会关注度，可称举世瞩目。困难和挑战前所未有，探索性是其鲜明的特点。既然是探索，就存在失败的风险。因此，在技术、工艺和材料上，贯彻落实好可逆性原则，是为保护白鹤梁题刻这一伟大的探索上了一道保险，也充分体现了对历史和古人的尊重，对文化遗产尊严的尊重。

4. 合理利用原则

白鹤梁题刻在1200多年的历史中持续发挥着重要作用。它是一道天然石梁，更是一处人文胜景；它记录着水位水文，更承载着涪陵乃至长江领域古代社会的政治、经济、文化、科学等各个方面的信息，是中华民族优秀传统文化的载体，值得我们传承、弘扬。今天的保护不能中断其固有价值发挥作用，而是要在有效保护的前提下，继续发挥作用，使其活在当下、服务当代、满足人民对美好生活的追求。

（二）前期保护工作

白鹤梁题刻保护方案的论证是一个不断研究、不断否定、不断提高的过程，内容多、耗时长，涉及多学科课题。为了最大限度留取历史信息，将损害降到最小；同时为了论证相关设想、获取相关材料，更有针对性地提出保护方案，国家文物局组织中国文化遗产研究院等单位对白鹤梁题刻进行工程前的保护工作，主要围绕以下四个方面开展：

1. 题刻本体的防弱化处理

白鹤梁题刻长期浸泡在浑浊江水中，受到泥沙、波浪等因素影响，而冬春之际露出水面，受到风化、人为破坏等因素干扰，题刻本体弱化成为突出问题。对此，中国文化遗产研究院牵头并联合相关单位，采用现代技术手段，对现有题刻进行了防弱化处理。

2. 病害本体的剥离

白鹤梁岩体为天然砂岩，石质本身并不坚硬，岩层结构分明，岩体与岩体间存在生物病害，造成分离现象。对此，将病害较突出的题刻进行了分类处置。首先对原状进行测绘、照相、记录存档，保留原始资料；然后将无法在石梁上继续保留者，剥离母体石岩移至博物馆收藏。

3. 部分题刻原址封覆保护

针对中段重点保护区域以外的14则题刻，鉴于岩体比较坚固，采用了原址封覆保护方法。具体做法是使用覆盖膜覆盖题刻表面，其上加盖混凝土固定。使用的材料既可透气透水，又防水流淘蚀，直接覆盖膜可降解，混凝土层可摘除，便于需要时恢复原貌，体现了可逆性原则。

4. 留取资料

对露出水面的题刻（占题刻的大多数）再次进行了拓片、翻模、文字编录和摄像录像等留取资料的工作。历代人们多有捶拓白鹤梁题刻拓片的传统，至今许多单位与个人收藏颇丰。此次获取的拓片，可资与此前的拓片比较研究，意义重大。翻模、文字编录和摄像录像，更是弥补了此前的缺憾，是非常重要的科研材料。

5. 石梁病害整治

长达 1600 余米的白鹤梁，存在岩体结构不稳定的问题。为了便于原址保护白鹤梁题刻，采用锚杆固定方式加固，维持石梁现状结构。对于因裂隙存在潜在风险的岩体，用点滴粘连等方式整治病害。中段石梁岩体南侧有部分江水淘蚀严重，存在垮塌风险，建设了防浪护墙，巩固石梁基座。通过整治基本消除了石梁病害，为实施文物保护工程奠定了基础。

二、白鹤梁题刻保护诸方案的提出

从某种意义上讲，白鹤梁题刻是三峡库区最重要的受影响文物之一（三峡工程重庆库区地面文物中有"三大项"之说，即涪陵白鹤梁、忠县石宝寨、云阳张飞庙，意指其文化价值大、体量大、保护难度大）。对白鹤梁题刻的保护方案的研究和论证，始于 1993 年。国家文物局在全国人大通过关于兴建长江三峡工程的决议后，迅速组织国内专业文博单位、科研机构、高等院校，开展了包括白鹤梁题刻在内的众多地面、地下文物保护方案的编制工作。围绕白鹤梁题刻保护工作，参与单位、专家人数之多，保护方案的论证反复次数之多，不仅在三峡文物保护中，即便在全国都是罕见的。概括而言，针对白鹤梁题刻保护所提出的较完整的方案，共有七种之多。

（一）"水晶宫"方案

"水晶宫"方案是 1994 年由天津大学提出的保护与展示方案。方案的基本思路是：在白鹤梁题刻的中心区构建 20 米 ×120 米的水下展厅，将长江水隔绝在展厅之外，并通过水下通道或渡船、浮桥等与地面陈列馆相连，使参观者可进入水下展厅从而参观白鹤梁题刻，达到水下原址保护、参观和研究的目的。因构思设计的水下展厅外形颇似水晶体，被形象地称为"水晶宫"方案。

该方案满足了原址保护要求，从而保持了文物的原状与真实性，使这一中华瑰宝不脱离原有的环境，人们在参观石鱼及题刻时，能设身处地地感觉到往日的长江与今日的长江之巨大变化，从而深化"不沉的记忆"的设计主题。该方案首次提出建设水下博物馆的构想，为白鹤梁题刻水下原址保护探索做出了重大贡献。

"水晶宫"方案实际上就是一种"压力容器"方案。水下展厅里面是没水的，但是外面有水，40 米水头的压力非常大，展厅存在很大的结构和安全风险。更关键的是，白鹤梁石梁是层状的砂岩，下面是页岩层。保护体必须与基岩结合在一起，帷幕施工过程可能危及白鹤梁安全。即使建成帷幕，由于内外的压力差很大，还是会有地下水渗流，地下水会从层状岩体的白鹤梁出露之处渗漏，导致白鹤梁被毁的可能性极大，而且造价极其昂贵，运行管理成本高，在当时是难以承受的。

图 2-1 "水晶宫"方案

（二）自然掩埋方案

"水晶宫"方案被否决后，保护方案研究逐步转向认同对白鹤梁实施原地淤埋保护，异地仿真陈展，即在当时的施工技术条件与经济条件下暂且采取水下泥沙淹没自然保护，留待将来在经济与施工技术等条件成熟的情况下，再使它的原始面貌重现于世。

1998 年，长江勘测规划设计研究院提出了一个方案。方案基本内容是：在白鹤梁附近的岸上修建陈列馆，馆内展出白鹤梁题刻二分之一大小的复制模型；而白鹤梁题刻原址则保留江水之下，让库区淤积的泥沙自然掩埋白鹤梁。

该方案的基本思路也是原址保护，但认为白鹤梁题刻保护既要考虑它的科学和历史价值以及自然状态，也要考虑实施方案的经济与技术条件。白鹤梁题刻宜采取就地自然保存、靠近岸边选择合适的地段修建陈列馆，同时选用翻模、拓片和复制模型，并在地面展示的办法。

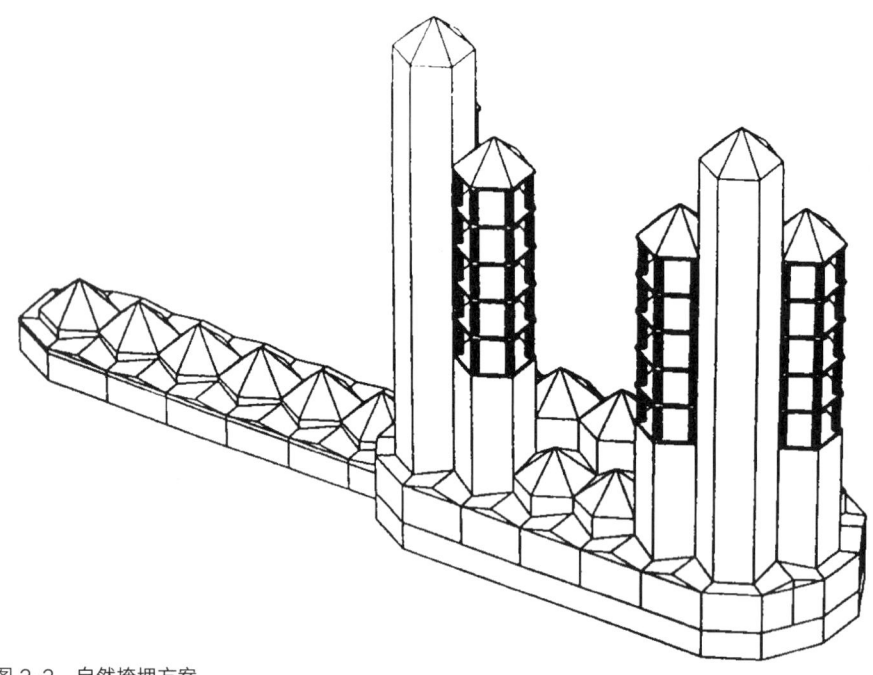

图 2-2　自然掩埋方案

（三）高围堰方案

高围堰方案是重庆市规划局陈材偶于1998年提出的。方案的基本思路也是就地保护，异地展陈。具体措施是，在白鹤梁题刻周围构筑一圈高大的围堰，将题刻本体围护其中，继续淹没于水下，但可以免受泥沙和石块的磨损，并给今后采取其他水下原址保护、展示措施留出时间、空间和条件。该方案也提出在白鹤梁附近的长江岸边修建陈列馆，以展示白鹤梁题刻。

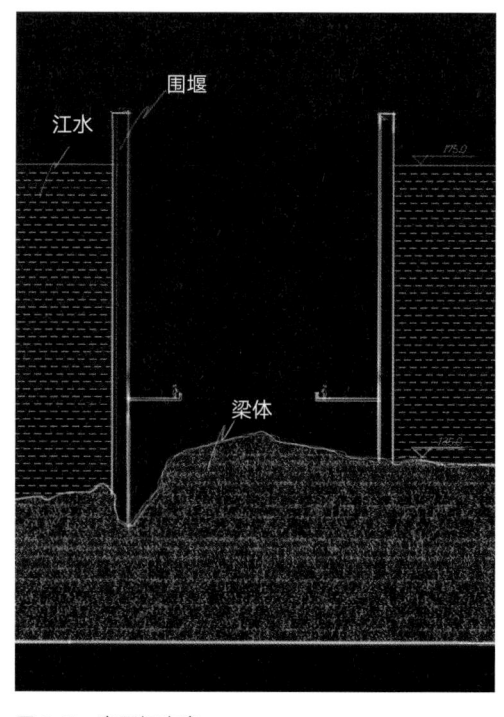

图 2-3　高围堰方案

(四)隔流隧道方案

同样在1998年,建设部综合勘察研究设计院汪祖进的团队提出了隔流隧道方案。该方案的基本思路也是原址保护和异地复原展示,设计用钢筋混凝土修筑一座不封闭的隧道式覆室罩在白鹤梁题刻上,覆室的前端如船头形,两侧好似平行的夹墙,顶上加盖厚顶板,尾端却敞开让江水进入覆室,从而将白鹤梁题刻置于一个内部充满江水的覆室中,隔断了覆室外泥沙对覆室内石刻的冲刷,从而达到保护白鹤梁题刻的目的。

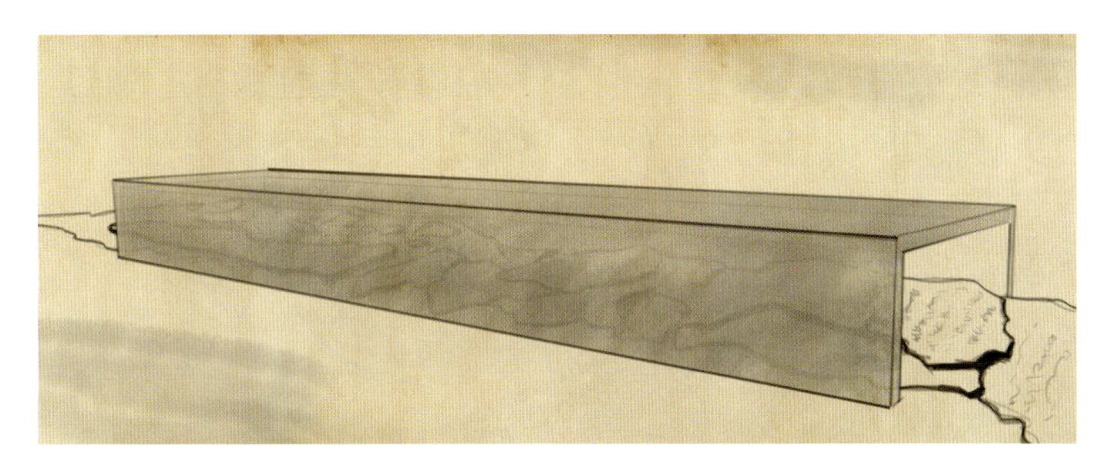

图 2-4　隔流隧道方案

(五)异地仿制陈展方案

1999年,国务院三峡建设委员会办公室黄真理提出了白鹤梁异地仿制陈展方案。该方案借鉴埃及阿斯旺水库淹没的阿布辛贝勒神庙搬迁复建经验,提出利用三峡水库水位变动特点,在白鹤梁近旁高程166.2~175.6米的变动汇水区选址,将按照大原样构筑的白鹤梁及从原址切割的题刻放置其上。这样当库区水位高于165米时,白鹤梁题刻淹没水中;当库区水位降到165米时,新建的白鹤梁题刻就会露出水面,并在石梁与南岸长江大堤间呈现原先鉴湖的形状。黄真理期望当三峡工程完成之后,长江依然可以重现白鹤梁随水隐现的自然景观。同时,在陆地上建博物馆展览有关白鹤梁的资料和实物。这个陆上博物馆也被赋予了一个富有诗意的名字:白鹤楼。这样,涪陵历史上的"石鱼出水""鉴湖渔笛"和"白鹤时鸣"三个独特的人文景观将得到再现。

该方案的主体是另外选址复建白鹤梁题刻,新建博物馆(白鹤楼)展示白鹤梁题刻以及三峡库区乃至长江流域洪、枯水题刻,成为集展示、旅游和研究为一体的长江水文考古博物馆。

但有反对意见指出,另外选址复建的白鹤梁题刻,并不能体现原有的石鱼与长江实际水位的准确关系。

图 2-5　异地仿制陈展方案

(六)"白鹤楼"方案

2000 年,武汉大学在前述方案(五)基础上,提出了就近复建题刻和新建陈列馆的细化方案,即在涪陵城区长江大堤高程 165.78 米处设置复建平台,复建白鹤梁题刻,同时在平台或陆地上建一个博物馆展览有关白鹤梁的资料和实物,即白鹤楼,隐喻"白鹤时鸣"。白鹤梁与复建题刻之间通过架设天桥平台的方式联结,观众在参观题刻的途中可一览江景。

前述六个方案中,方案(一)提出的"水晶宫"建筑,符合原址保护的要求,但由于水压和造价等因素,无法实现。而(二)至(六)五个方案基本属于就地淤埋、异地陈展思路,这个思路遭到大多数人的反对。概括而言,反对理由如下:

图 2-6　"白鹤楼"方案

（1）所谓就地淤埋自然保护实质上是不保护；
（2）复建平台和白鹤楼有新建旅游景点之嫌，而非文物保护；
（3）超体量的复建平台在库区低水位时与自然环境不协调；
（4）对 2003 年库区蓄水后水位对施工的影响过分夸大；
（5）按比例缩小复制模型难以体现真实的效果。

关于通过自然淤积让白鹤梁埋入三峡水库库底的泥沙中，留给子孙后代在一两百年后有能力时再去挖掘、鉴赏和利用的建议，事实上对文物保护是不利的。诚然，在蓄水前对白鹤梁石梁做加固保护、精密测量、题刻复制等工作，一方面加强了白鹤梁石梁的岩体安全，另一方面为异地复建准备了基本材料，但是，题刻位于库水之中，日复一日地流水冲刷、泥沙淤积，加之土层压力、泥沙固结等因素影响，题刻能否确保安全，没有任何资料、数据支撑，谁也无法保证。关于复建平台，由于体量超大，在库区低水位时与涪陵固有的长江与城市自然环境很难协调。至于按照 1：2 的比例复制模型用于展示，既难以体现文物的原貌，也违背了文物原址原样原环境的保护原则。

还有专家指出，文物之保护、人文景观之再现和旅游资源之开发三者之间，文物保护理应列为首位,将大量的资金投向后两者,是否合理存在疑问。换句话说,这样的保护方案如果实现,等于我国向全世界无声地宣布,在技术上我们已无其他好办法保护白鹤梁,只好"土埋"了。这必将在国际和国内对我国文保工作带来严重的负面影响,也定会遭到国内外一些人士的责备和嘲笑。我们的子孙也不一定会对"一两百年后再去挖掘"之说领情。因为这期间人们将无法目睹这国之瑰宝,一旦有损将永远见不到了,他们会心甘吗?

(七)"无压容器"方案

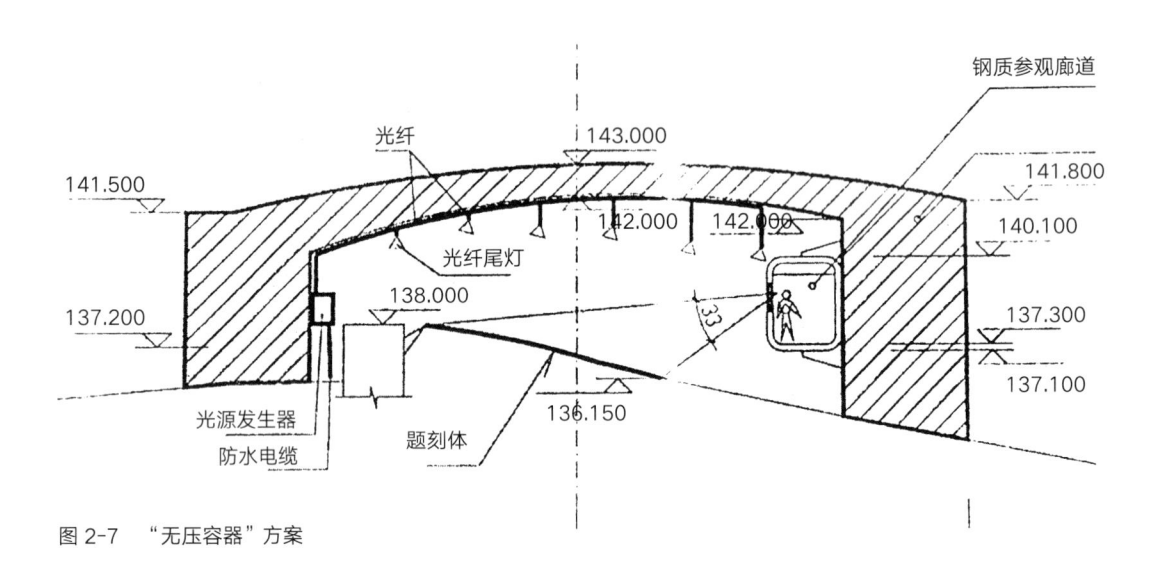

图 2-7 "无压容器"方案

2001 年,在苦无良策、白鹤梁将无奈地被泥沙长久掩埋在长江中的关键时刻,中国工程院院士葛修润先生提出了具有创新意义的"无压容器"水下原址保护方案。这个方案一经提出,评审专家和领导顿觉眼前一亮,时任重庆市文化(文物)局三峡文物保护工作领导小组组长王川平先生称之为"伟大的设想",与会的所有专家也都一致认可。此方案相继得到了国务院领导、文物系统、地方领导和工程建设的支持、肯定。国务院三峡工程建设委员会于 2001 年 9 月同意对"无压容器"方案进行可行性研究。

1. "无压容器"方案基本构想

此前天津大学提出的"水晶宫"方案,最大的问题在于保护体承受的水压巨大,无法确保安全。葛修润院士的新方案,是将水下保护体看作一个容器,这个容器中的大部分灌注长江清水，只留出少量空间供观众进入参观。所谓"无压容器"，并不是指什么压力都没有，而是指作用在水下保护体外面的压力压强与内壁面上的压力压强相同，或基本相同，只差一个很小的量，如此使最大的难题——水压问题得到巧妙的化解，既保证了水下原址保护，又实现了文物的展示利用。

2. "无压容器"方案基本要点

具体而言，这个方案实际上是在白鹤梁题刻上兴建一座壳体容器，容器内是通过专门的平压净水系统过滤后的长江清水，一是保证了白鹤梁题刻仍处于长江水保护之中，并可有效防止水库内的推移质对白鹤梁题刻可能造成的损坏；二是保证了容器内水压与外部的江水压力平衡，题刻和水下保护体结构处于内外水压平衡的工作状态，解除了水压带来的安全问题。

水下保护体内保护题刻文物的罩体上，设置了23个观察窗。水下保护体内还有承压的参观廊道，供游客步入，并通过保护体上的观察窗参观题刻。作为陈列展示的博物馆，方案还在保护体内设计了水下照明和遥控观测系统，人们可经地面陈列馆及交通廊道进入参观廊道观赏题刻，亦可通过遥控观测系统实时观赏。保护体与参观廊道间设置蛙人孔，供工作人员或其他人员潜水进入保护体内开展研究、保护和维护工作。

由于水下保护体结构基本上处于水压平衡的工作状态，只承受水库风浪力、成库后泥沙淤积作用于外侧的压力、自重荷载和地震力，大大减轻了压力问题，在工程技术和材料方面完全可以得到安全保证。壳体结构简单、经济，且具有可修复性，经济投入也大大降低。

三、"无压容器"方案的深化设计

（一）"无压容器"方案的确定

2002年1月，重庆市人民政府组织召开了白鹤梁题刻水下原址保护工程"无压容器"方案可行性研究报告论证会，与会专家深入讨论后形成一致意见：该方案建立在多年来国家对白鹤梁题刻保护所做工作的基础之上，充分吸取了原有保护规划工作成果。"无压容器"方案构想具有创新精神，克服了保护方案的技术难点，符合国际国内文化遗产保护原则，对生态环境无不良影响，为白鹤梁题刻申请列入世界文化遗产名录创造了有利条件。

随后，国家文物局对重庆市上报的《白鹤梁题刻原址水下保护工程方案可行性研究报告的意见函》做出了批复，原则上同意兴建白鹤梁题刻水下原址保护工程。"无压容器"方案得到确认，压在文物保护、水库建设工作者心上的大石头终于搬走了。

（二）"无压容器"方案的完善与优化

"无压容器"方案的深化，关系到这个"伟大的设想"能否最终落地。由于在国内乃至全世界尚无成熟的水下文化遗产保护技术和经验，一切工作都带有探索与创新的成分。许多之前从未参与过文物保护工作的专家和单位，都在白鹤梁题刻保护的"无压容器"课题下，走到了一起。

为了落实"无压容器"保护方案，2001年12月至2002年6月，长江勘测规划设计研究院、重庆西南水运工程科学研究所、重庆交通大学、上海交通大学、武昌造船厂、中铁第四勘察设计院等单位开展了对航道条件影响及航道安全保护措施论证研究、水工模型试验研究、三维非线性结构分析、水平交通廊道（沉管方案）专题研究、参观廊道专题研究、水下照明及CCD遥控观测系统专题研究、循环水系统专题研究、安全监测专题研究、施工专题研究等九项关键技术的专题研究，并对水下保护体的结构造型和结构高程、交通廊道和参观廊道设计等内容进行了具体的设计和完善。

（三）"无压容器"方案的主要创新点

1. "无压容器"方案体现了文物原址保护理念

"无压容器"方案是建立在白鹤梁原址上的永久性保护措施，充分体现了文物保护"原址、原样、原环境"的保护原则，方案构想具有创新精神，科技含量高，技术先进。工程建造了世界上独一无二的遗址类水下博物馆，再加上水文题刻这样的优秀历史文化遗产，为申请列为联合国的世界文化遗产创造了条件。

2. 创建了独特的平压净水系统，实现保护体内外水压平衡，保证结构安全和水质

为了确保40米深水下保护体结构的安全，实现容器内外水压的动态平衡，同时提高水下观赏效果，保证保护体内水质的清澈透明，方案设计创建了独特的循环水系统。利用交通廊道布置取水设施，抽取长江原水或保护体内的水，送至岸上一体化净水器进行处理，通过循环水管网更新保护体内的水质，控制保护体内水质浊度（降为1NTU）。该系统有两台过滤器，使保护体内的水体与长江水体相通，以保证保护体内外的水压自动平衡，同时使文物仍处于长江水的保护之中。为满足不同运行功能的需要，循环水系统还设置了正常运行程序和特殊情况下的运行程序，这项技术在国内尚属首创。

3. 创建了深水照明与遥控观测系统

（1）深水照明

题刻处在约 40 米深水之下，水下照明关系到文物展示，关系到整个工程能否正常发挥作用。在此之前还没有完善的水下照明规范，设计师和技术人员根据白鹤梁题刻的特点，局部模拟工程建成后人们在参观廊道内直接观测题刻的环境，对设计研究提出的多套照明方案进行试验验证，在满足人们对观测白鹤梁题刻的最佳视觉要求的前提下，找到了影响可视度的主要因素，确定了水下照明系统的最佳设计方案和技术参数以及其他特殊要求。

从文物保护、设备安装维护方便和安全等因素考虑，水下照明系统采用了可靠性高、寿命长、耐高压（承受 5atm 压力）、亮度高、显色性好、水中维护方便的 LED 照明方案。光源为具有防水和节能效果的便于水中安装和更换的大功率 LED，供电方式采用安全、先进的水中插拔技术。在白鹤梁题刻保护体内穹顶下方的电缆桥架上，安装 120 个 LED 照明灯具作为工作照明，在题刻的 4 个重点区域安装了 30 个 LED 照明灯具作为局部照明。所有灯具采用分组控制方式，能在设备仓进行现场控制、在地面管理室进行远程遥控，每个灯具具有自我保护和提示功能，从而实现了智能管理。白鹤梁题刻保护体内照明工程是国内较早成功应用 LED 照明技术的照明工程，也是国内唯一的大型深水照明工程。

（2）遥控观测

为给水下原址保护体提供多种观赏途径和提高观赏效果，设计了深水下 CCD 遥控观察系统，提供地面管理室遥控观察和参观廊道局部遥控观察相结合的观测方式。由于深水运行的特殊情况，设备存在耐压、密封、穿仓、控制、水中维护等问题。

白鹤梁题刻保护体内遥控观察系统由 28 台球形水下摄像机、电脑触摸屏控制演示终端以及多媒体实时控制软件等组成，将视频实时监控技术、计算机控制技术、多媒体资料检索播放技术结合在一起，解决了水下摄像设备的密封、信号传输等技术问题，游客不但能够亲手操控摄像机通过镜头观赏白鹤梁题刻，还能浏览有关白鹤梁的图片录像资料，为游客提供了一条观赏白鹤梁题刻的有效途径。

4. 独特的水下空间设计

水下保护体由保护体和参观廊道组成。参观廊道可分为斜坡廊道（用于从地面通往水下）、水平廊道（连接斜坡廊道和水下保护体）、参观廊道（与水下保护体连为一体）。这些水下空间，要满足观众参观白鹤梁题刻的需求，满足设备运行和维护的需求，还要便于潜水员进出水下保护体进行潜水作业，同时还要保证出现意外情况时人员的逃生，空间安排和功能布局需要有创新思考。经反复论证，在水下保护体上设计了参观廊道、八字体舱和两个球舱。在参观廊道上设有 23 个观察窗，每个观察窗由双层透明有机玻璃组成，游客可通过观察窗观察白鹤梁题刻。八字体舱中设有设备间，作为加减压、照明、摄像及通信监控等系统的控制室。两个球舱分别为潜水员舱和设备舱，分别供潜水员潜水作业和布置照明及水下摄像设备使用。整个设计包含了结构、供气系统、加减压系统、疏排水系统、配电系统、消防系统、报警系统及监控系统共八个系统。在设计工作中借鉴了潜艇设计中的一些技术（水下参观廊道类似于沉在水下的潜艇）并有所创新，克服了诸多技术难题，实现了空间的功能设计。

5. 水下施工方案

白鹤梁题刻保护工程的施工难度和复杂程度是前所未有的，而文物保护工程施工的质量要求却是最高级别的。石梁紧邻长江主航道，水流湍急，涨落不定，江水浑浊，能见度很低。石梁上的题刻为脆弱的受保护文物，不能磕碰、冲撞，施工机具和施工荷载以及大量的施工材料，也不能放置和施力于题刻石梁之上，增加了施工难度。受长江汛期和三峡大坝蓄水日期的限制，可供施工的时间很短，水下施工作业多。工程部门在研究对比了围堰、水上施工等多种施工方案后，针对白鹤梁题刻水下保护混凝土导墙提出了施工平台方案。方案采用进口先进旋转钻机钻孔，且对钻机的刀具材料、形状及钻孔参数都进行精心设计，避免施工震动对文物的破坏，保证了水下保护体混凝土导墙浇筑施工的顺利完成。水下钻孔小型钢桩锚固和水下整体钢模方案则解决了保护体水下导墙与基岩锚固等技术难题。水下保护体穹顶拱壳采用钢桁架与钢筋混凝土联合结构（钢桁架兼作壳体施工底模，承担壳体中央下缘的拉应力）方案，使水中大跨度保护体穹顶拱壳实现了常规技术施工，节省了施工工期和降低了工程造价。水平廊道施工选定小围堰施工方案（横向土石围堰+混凝土纵向围堰结合导墙），保证了混凝土的施工质量。对长防堤碾压堆石体采用混凝土搅拌桩进行地基土加固和结合长防堤堤坡设置加厚的梯形混凝土补偿垫层方案，解决了坡型交通廊道整体稳定、沉降变形等问题。

6. 跨专业、多学科的技术综合

由于白鹤梁所处的特殊环境，本工程涉及文物、水利、建筑、市政、航道、潜艇、特种设备等多专业、多学科的技术，调动了国内多家单位参与该项目研究、设计、制造、施工、安装、调试等工作，实现了跨专业、多学科协同配合、联合攻关，圆满完成白鹤梁题刻的水下原址保护。

在白鹤梁石鱼文化中，"石鱼出水兆丰年"虽然是民间传说，但充分体现了古代涪陵人民对气候预测、水利建设的高度重视，对丰收年岁的期盼与渴求，是古代人民利用、征服、改造自然的智慧结晶，反映了我国古代人民的科技文化水平与科技理性精神。白鹤梁题刻原址水下保护工程地面陈列馆在建筑造型上，利用椭圆形开放式庭院和展厅突出屋顶观景平台，实现"石鱼出水"的建筑意境。

四、水下保护工程的实施

为了反映施工主要过程,满足部分读者对这部分内容的关注,以下分施工准备、水下导墙施工、保护体穹顶施工、交通廊道施工、安装工程施工及施工保护措施进行简略介绍。

(一)施工准备

白鹤梁保护工程施工部位位于长江江心,为此必须首先实施围堰工程,并做好防渗处理。

白鹤梁保护工程围堰由上、下游土石围堰和混凝土围堰及水下保护体自身组成,上游土石围堰长约130米,下游土石围堰长约100米,混凝土围堰长约30米。下伏基岩面高程为132～137米,挡水标准采用1997—2001年份涪陵段长江最高水位141.91米,考虑到风浪高与安全超高,设计围堰顶标高为143.5米,堰顶宽8米。在第一枯水期已初步填筑的上游土石围堰长约120米,下游土石围堰长约75米,围堰顶标高141.7~141.8米。

图2-8 围堰施工

基于前期围堰施工经历了一个洪水期，围堰需进行防渗处理，即在围堰中间用冲击钻机钻 0.8 米单排连续咬合桩抗渗止水，抗渗桩嵌入基岩深度 0.5 米，钻孔桩相互咬合 0.15 米，达到围堰基本不渗水的目的。同时将围堰顶加高至设计标高 143.5 米，围堰顶宽度加宽至 8 米，围堰外侧增加一道注浆帷幕，确保围堰施工万无一失。

（二）水下导墙施工

1. 水下导墙布置

水下导墙是白鹤梁题刻水下保护体重要支撑结构。水下导墙平面呈双变椭圆布置，导墙外轮廓为长轴 70 米、短轴 25 米的椭圆；导墙内侧为长轴 64 米、短轴 17 米的椭圆，两椭圆中心一致。水下导墙平面是由四段圆弧相切组成的弧状，外江侧导墙外缘圆弧半径为 145.45 米，内缘圆弧半径为 175.643 米；鉴湖侧导墙外缘圆弧半径为 145.45 米，内缘圆弧半径为 175.643 米，上、下游两侧导墙外缘圆弧半径为 9 米，内缘圆弧半径为 6 米。导墙平面外长轴 70 米，内长轴 64 米，外短轴 23 米，内短轴 16 米。导墙厚度由两端的 3 米渐变至中间的 3.5 米。

图 2-9 水下导墙施工

2. 水下导墙施工

水下保护体导墙分 SDQ1、SDQ2、SDQ3、SDQ4 及后浇带一至后浇带四,共八段,每段浇筑一次混凝土,外江侧在变弧交接点处以2米宽后浇带隔开,鉴湖侧导墙与水平交通廊道通过预埋钢管连接,预埋钢套管与导墙 SDQ1、SDQ3、SDQ4 交接处做后浇带混凝土浇筑。

水下保护体导墙为水下施工,为保证施工质量,尽量减少水下作业,加快施工进度,结合工程施工特点,施工总体方案将水下施工改为陆地施工,采取导墙钢筋、模板、预埋件、劲性骨架分段整体预制,水下分段吊放安装。

(三)保护体穹顶施工

1. 保护体穹顶布置

水下保护体穹顶以水下导墙为基础,采用在钢拱底模上浇筑钢筋混凝土顶板结构形式。穹顶标高为143米;外江侧与水下导墙在141.8米高程相接,近鉴湖侧与水下导墙在141.5米高程相接。水下保护体穹顶平面为不等径圆弧相切成的圆弧面,外江侧两端圆弧半径为9米,中间的圆弧半径为145.45米,近鉴湖侧两端圆弧半径为6米,中间段圆弧半径145.45米,外轮廓长轴为70米,穹顶顶板在外江侧水下保护体中心处下缘高程为141.2米,在鉴湖侧水下保护体中心处高程为142.2米,外江侧穹顶顶板下缘沿水

图 2-10 保护体穹顶施工

下导墙高程由 140.2 米渐变至 141.2 米。水下保护体穹顶与水下导墙分期施工，形成整体，穹顶拱壳上方设置 0.8 米 ×1.1 米检修孔。

2. 保护体穹顶施工

水下保护体穹顶由劲性钢骨架、钢筋、混凝土组成，为了保护文物，水下保护体内不准搭设脚手架，穹顶采用浮吊吊装施工。

（1）施工工艺流程（略）。

（2）穹顶钢结构加工：钢结构制作在加工厂胎模架上按 1∶1 准确放样后制作，制作完成后整体预拼装，然后分割形成吊装跨。钢梁及拱壳，制作好后预拼装，经检查验收合格后解体运至施工现场。

（3）穹顶拱底模分段：为便于吊装和运输，分段后的穹顶拱底模重量不超过 25 吨。穹顶拱底模按纵向分成 16 段，每段的工字钢主梁 2 根，复合钢板底模 2 跨即 4 米长，最重的一段在穹顶中轴线段，重量达 23 吨。

（4）安装施工：用 30 吨汽车吊 1 台进行组装及预拼装与吊运构件，用 400 吨驳船 1 艘在水上分段运输穹顶吊装段，用 40 吨浮吊在水上分段吊装穹顶底模就位。在先期钢梁支座预埋件（500 毫米 ×700 毫米 ×20 毫米）上弹出钢梁定位十字线，用 40 吨浮吊将底模吊至预埋件上，初步固定后通过千斤顶校核垂直度。

（5）钢筋绑扎及顶模安装：穹顶底层钢筋及顶层钢筋采用现场绑扎，顶拱覆盖模板采用 5 毫米厚竹胶板覆盖，用 8 号铁线穿孔与钢筋捆绑加固。

（6）混凝土浇筑：一次浇筑完成顶拱混凝土，用台阶法进行浇筑，在覆盖模板上开下料口及振捣口，采用 2 套混凝土布料杆布料，混凝土浇筑完毕后不间断洒水养护直至水位上升时将其淹没。

（四）交通廊道施工

1. 总体施工方案

（1）斜坡交通廊道施工：斜坡交通廊道基础开挖采用小型挖掘机进行。垫层底加固桩采用油压回转钻机钻孔，成孔后插入灌注导管，采用 C30 细石混凝土进行灌注。垫层混凝土采用泵送料浇筑。基础施工完成以后，采用立模现浇的方式进行斜坡交通廊道的施工。施工时采用钢管脚手架方式支撑立模，自下向上按变形缝分段立模、扎筋，由混凝土泵送料浇筑，用软轴振捣器进行振捣。拆模以后，立即进行洒水养护并覆盖麻袋进行养护，并进行外防水施工及锁定块石施工，同时做好第二个汛期的渡汛准备。第三施工期进行廊道外回填施工、内装饰、安装工程施工。

图 2-11 斜坡交通廊道施工

（2）水平交通廊道施工：第二施工期一到立即进行围堰防渗墙施工及围堰内抽水。基坑抽水完成以后，开始基坑清理及廊道基础处理，然后进行水平交通廊道的施工。施工时采用立模现浇的方式，按变形缝分段立模、扎筋，采用软轴振捣器结合平板式振捣器进行振捣。拆模以后，立即进行洒水养护并覆盖麻袋进行养护，并进行外防水施工及锁定块石施工，同时做好第二个汛期的渡汛准备。第三施工期一到立即进行围堰内抽水并清理廊道，进行交通廊道外回填施工、内装饰、安装工程施工。在第三施工期施工完毕后拆除围堰。

2. 施工工艺流程

（1）斜坡交通廊道施工工艺流程：廊道基础开挖→基础垫层浇筑→基础钻孔注浆→廊道变形缝及底板外防水处理→底板钢筋绑扎、立模→止水板安装固定→底板混凝土浇筑→侧墙、顶板钢筋绑扎、预埋件安装、立模→侧墙、顶板混凝土浇筑→拆模、养护→廊道侧墙及顶板外防水处理→碎砂石回填→浆砌块石护脚→回填石料→预制混凝土块恢复。

图 2-12　水平交通廊道施工

（2）水平交通廊道施工工艺流程：围堰施工完毕→围堰内抽排积水→廊道基础开挖及处理→基础垫层混凝土浇筑→廊道变形缝及底板外防水处理→底板钢筋绑扎、立模→止水板安装固定→底板混凝土浇筑→侧墙、顶板钢筋绑扎、预埋件安装、立模→侧墙、顶板混凝土浇筑→拆模、养护→廊道侧墙及顶板外防水处理→锁定块石施工→碎砂石回填→回填石料和防锚块石施工。

3. 基槽土石方开挖

斜坡交通廊道为碾压石体开挖，水平交通廊道为鉴湖内块石土开挖和泥岩开挖，水平交通廊道及斜坡交通廊道末端要开挖至基岩面。基槽土石方开挖原则是以机械施工为主，人工施工进行必要配合。

4. 交通廊道施工

（1）斜坡交通廊道基础垫层及钻孔注浆施工（略）。

（2）交通廊道钢筋施工：交通廊道以变形缝为施工流水段，每一施工流水段混凝土分两次浇筑，先浇筑底板混凝土，再进行廊道墙身及顶板混凝土浇筑，故廊道钢筋工程施工也分两次完成，先进行底板钢筋及预留墙身钢筋施工，再进行墙身及顶板钢筋施工。

（3）交通廊道模板施工（略）。

（4）交通廊道混凝土施工（略）。

（5）交通廊道外防水施工：交通廊道结构施工完毕后，进行廊道外防水施工，廊道外防水施工完毕后及时对斜坡交通廊道进行护脚和水平交通廊道回填覆盖。斜坡交通廊道两侧施工中先对混凝土补偿垫层和混凝土基础以上回填碎砂石，并分层压实，做浆砌块石护脚，护脚顶面按原长防堤堤面标准恢复预制混凝土块护面；水平交通廊道底板两侧的回填垫层上以浆砌块石锁定护脚，进行碎砂石回填并分层压实，然后回填石料和浆砌防锚块石，回填石料底与水平交通廊道顶齐平。

（五）安装工程施工

安装工程主要包括以下几部分。

电气部分：低压供配电系统、廊道照明系统、水下照明系统、水下摄像系统、安全接地系统、火灾自动报警系统、联动控制系统、排水控制系统、循环水控制系统。

暖系统：通风空调系统、排烟系统、压缩空气系统。

水系统：排水系统、自动喷淋系统、循环水系统。

监测系统：电测系统、光纤系统、自动化系统。

（六）施工保护措施

白鹤梁题刻是重要的水文古迹，是全国重点文物保护单位。在施工中采取了特别措施进行重点保护，确保文物安全万无一失。

1. 充分认识文物保护的意义

白鹤梁题刻是三峡库区唯一一个水下原址保护文物，也是库区四大国宝级文物之首。整个施工过程中必须采取切实可行的保护措施，加强进场施工人员的文物保护意识教育，同时加大文物保护的费用投入，以确保文物保护工作万无一失。

2. 建立健全文物保护保证体系

必须坚决贯彻执行文物保护管理程序，这是施工中确保文物安全的重要保证。成立由项目经理为组长、各工区负责人参与的文物保护小组，形成自上而下的文物保护体系。积极组织开展活动，确保文物保护体系的有效运行，实现文物保护目标。

3. 建立教育、检查、活动三项文物保护制

（1）对进场施工的所有人员开展文物保护学习和教育，贯彻执行文物保护法。认清文物保护的重要性及本工程施工的目的。施工过程中对施工人员定期组织教育，时刻敲响文物保护警钟，确保祖国文化遗产不受侵害。

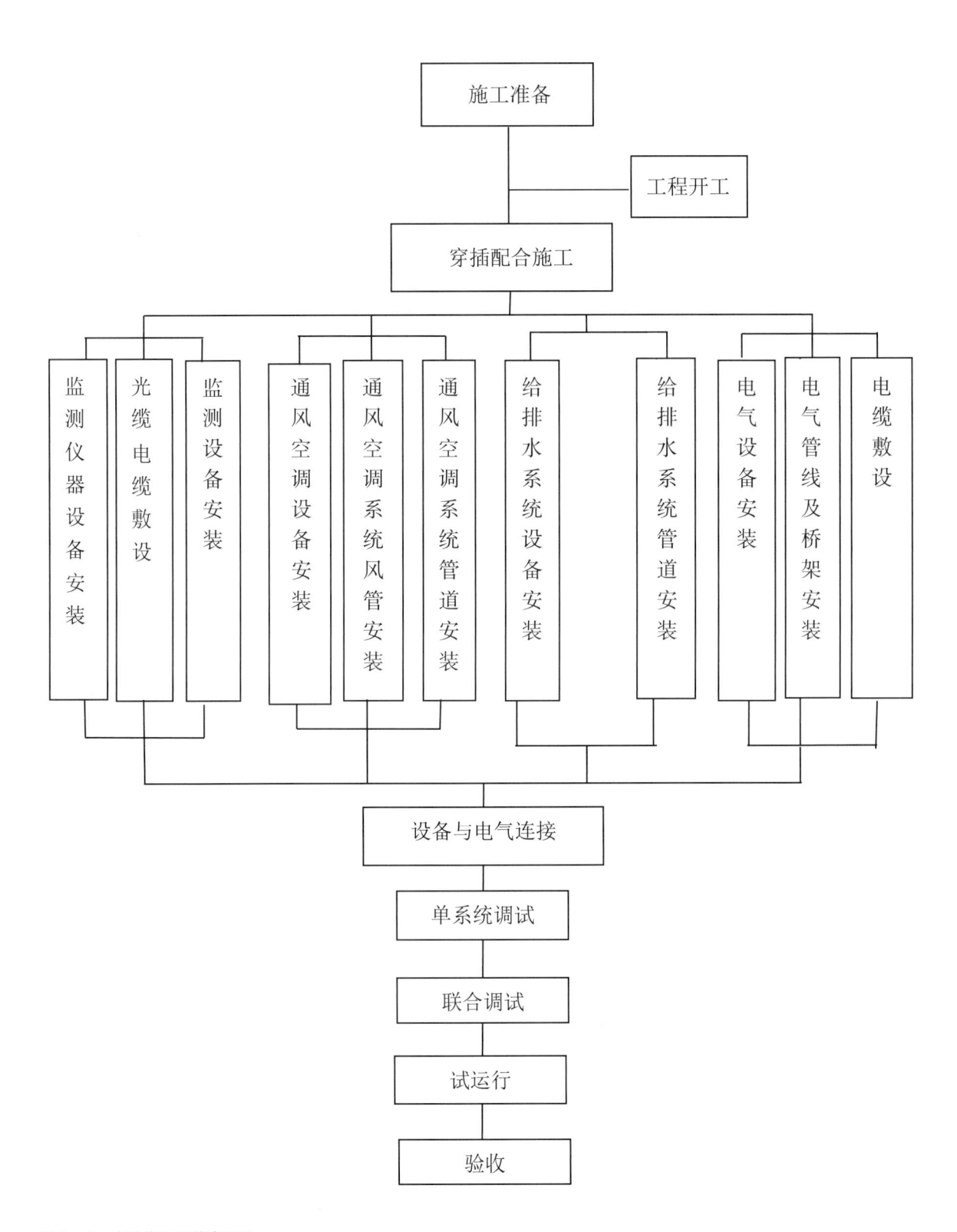

图 2-13　安装施工工艺流程图

（2）文物保护领导小组随时检查文物保护措施是否落实，保护措施是否得当，每天检查文物保护存在的隐患、违章指挥和违章作业的情况，一经发现及时发出整改通知，限期整改。

（3）领导小组定期或不定期召开文物保护工作会议，研究和讨论施工过程中的对策，确定各项措施的执行。专职文物保护施工班组每天召开当日的工作总结会，针对工作中存在的隐患提出意见，经领导小组研究讨论后落实执行。施工期间24小时派专人对题刻文物进行看护。

4. 施工阶段的文物保护措施

（1）在白鹤梁题刻文物上、下游200米及水下保护体外江侧40米的长江中设置浮标警戒区，防止船只靠近。

（2）派专业潜水员将题刻文物用棕垫覆盖，再在棕垫上放置500毫米厚的沙袋保护层。

（3）防护墙上插上小红旗并标上"文物保护禁区""严禁入内"字样，以防止施工机具或施工人员靠近。

（4）船只靠近题刻文物前，划船的蒿杆铁尖应取掉，以防止铁尖损坏题刻文物。

5. 水下保护体导墙施工期的文物保护措施

（1）水下保护体导墙施工过程中，施工船只周围要设置安全网，防止施工机具掉入题刻文物附近的水中，给题刻安全造成隐患，施工船只下锚应向外侧抛送，以防抛锚时损坏文物。

（2）水下保护体导墙施工进行水下清基时，潜水员用高压水枪冲洗时由文物题刻向外侧进行，清基后潜水员必须再次检查题刻文物棕垫覆盖及沙袋保护层有无移位或损坏，发现移位或损坏及时进行修复。

（3）水下保护体导墙钢筋笼吊装时，分段由外侧吊入，吊装设专人指挥。在钢筋笼上设溜绳，防止钢筋笼碰撞防护墙。

（4）在进行水下保护体导墙模板支设时，浮吊吊装内模设专人指挥，在导墙内模上设拉绳模板进入文物上空不得落吊，内侧模板不设外支撑、外拉条。模板就位后进行清仓、堵缝、加固使其密封，以防止浇筑混凝土时漏浆，污染文物。

（5）保护体导墙混凝土浇筑施工期间，利用导墙基础锚杆搭设浇筑平台，混凝土泵送管布置不经过文物上空，沿导墙外环布置。导墙混凝土浇筑露出水面后清除表面混凝土浮浆施工时，清除的混凝土浮浆用船运走，不得任意抛弃在保护体以内。

6. 参观廊道施工期的文物保护措施

在围堰形成后，进入第二施工期，立即对围堰内的水进行排除，抽水工作完成后进行参观廊道的施工。当围堰内抽水至海拔 137 米左右时，由专业的文物保护施工班组检查文物覆盖并进行日常守卫和保护工作，并在文物保护区域周边设置 1.5 米高竹跳板防护墙，杜绝施工时损坏文物的情形。

第三章：白鹤梁题刻水下保护体运行管理研究

白鹤梁题刻水下保护体在文物、科技、建设工作者的通力合作下，经过近7年的施工，终于在2009年建成投用。在2009年5月18日（国际博物馆日）重庆白鹤梁水下博物馆开馆。国家文物局将活动主场放在重庆白鹤梁水下博物馆。世界首座水下博物馆在重庆涪陵诞生，这是文物工作者的骄傲，也是工程建设者、水库建设者的共同荣誉。在欢庆喜悦的同时，大家也都清醒地认识到，水下博物馆的建成来之不易，水下博物馆的运行管理，更是一项长期艰巨而光荣的任务，因为是世界上第一座水下博物馆，没有任何经验可以借鉴。白鹤梁水下博物馆的水下保护体位于长江江底，承受着40米江水的压力和川流不息长江水的冲刷，面临着日积月累的泥沙淤积，面临着江面上航行的船舶失控的风险，需要密切监控，确保各种设备、系统的正常运行。有人形象地比喻，白鹤梁水下保护体比潜艇的维护更难，因为潜艇的重大维护都可以浮出水面进行。对水下保护体的维护、运行和管理，关系到文物和观众的安全，关系到党和国家的形象，容不得半点懈怠，出不得半点差错！

为了加强对水下博物馆的运行管理，重庆市和涪陵区人民政府、市（区）文物行政部门本着实事求是、着眼长远的态度，经慎重研究，于2010年将白鹤梁水下博物馆的管理职责，交予重庆中国三峡博物馆。自此，白鹤梁保护管理处作为重庆中国三峡博物馆的一个内设部门，具体负责水下保护体和博物馆的日常工作，对外挂"重庆白鹤梁水下博物馆"牌子。

白鹤梁水下博物馆最重要的展品就是原址、原环境保护在长江水下40米的白鹤梁题刻，最重要的设施就是水下保护体。白鹤梁水下博物馆由地面陈列馆、斜坡交通廊道、水平交通廊道、参观廊道和保护体组成，总建筑面积达8000多平方米。管理这样一个博物馆，具有其他非水下博物馆不同的工作内容，就是对水下保护体的运行管理。根据几年来的实际情况，主要有以下比较独特的运行系统和工作内容：

题刻文物本体的清洗保护；

题刻文物本体及保护环境监测系统；

循环水系统；

深水照明系统；

保护体的玻璃观察窗系统；

潜水作业系统；

自动扶梯；

安防系统。

自 2009 年水下博物馆开馆以来，经过 10 余年的运行，获得了一大批相关数据，摸索出了一些规律，积累了一定的管理经验。为了帮助读者了解水下博物馆的核心——水下保护体的运行原理和管理要点，为今后同类文物保护工作提供借鉴，本章对上述各系统的运行管理做概要叙述。

一、题刻文物本体的清洗保护

按照"无压容器"保护原理，题刻文物原址保存在保护体内。保护体内灌注经净化的长江水，使文物的保存环境大致不改变。观众参观需要通过保护体上的 23 个玻璃观察窗，水质是否清澈直接关系到观赏效果。2009 年 5 月，博物馆开放不久就发生了水体变浑浊的情况，其后，水中的泥沙、杂质逐渐沉淀，蒙在题刻表面，观众无法看清题刻，这成了摆在博物馆管理者面前的第一道课题。因此，第一步需要对题刻文物进行清洗。

图 3-1　未进行清洗和水质改善的题刻　　　　图 3-2　潜水员清洗题刻

1. 清洗的目的

水下保护体运行中出现水体透明度变差、藻类繁殖及题刻表面滋生生物膜等问题，与水体处于相对密闭的环境、缺乏流动和保护体内各类材料（如灯具灯罩）的影响有关（详见下节）。这直接影响观赏效果以及题刻保护，并且有可能威胁到保护体的安全性。经查阅资料和专家论证，决定对白鹤梁题刻进行清洗作业，以解决保护体内水体透明度变差、藻类繁殖及题刻表面滋生生物膜等问题。

2. 清洗的方式和频率

题刻本体的清洗是指在封闭的水下保护体内，由潜水员进行潜水作业，并使用一定的清洁工具，如聚酯刷、毛巾、吸沙软管等，将附着于题刻表面的泥沙、藻类及生物膜等可能导致题刻弱化加剧和影响游客参观效果的物质排出保护体外。

清洗作业的频率事关文物安全。频率太高，可能损伤题刻，不利于文物的保护，频率过低，题刻表面附着的物质影响观众的参观，也会腐蚀题刻。根据多年实践经验得出，大致上每三个月清洗一次，可以有效避免保护体内水体透明度变差、藻类繁殖及题刻表面滋生生物膜等问题，而且不至于因过多地进出保护体进行水下作业，带来其他副作用。因此清洗的频率每三个月一次较为合适。

3. 工序

潜水员在水下作业，主要是解决保护体内水体透明度变差、藻类繁殖及题刻沉淀泥沙等问题，因此，潜水员的水下作业需要按照规定的工序进行，各工序应紧密衔接，避免不必要的重复动作，以保证作业的安全、连续、有效。根据经验，各工序的先后顺序如下。

清洗灯具灯罩：清理水下灯具及灯罩上面的生物膜，若灯具及灯罩上的生物膜生长较为顽固，清洗工具可选择清洁球。

清洗玻璃观察窗：清洗观察窗上的附着物，清洗工具选择毛巾等柔软质地的织物。

清洗题刻：题刻上的附着物主要是软体的微生物，属于较顽固的附着物。但是题刻是敏感的文物，因此清洗所选择的工具材质需要考究，材质不能太硬以免破坏题刻岩层。实践中，参考了《船舶水下清洗指南》（GB/T 36666—2018），清洗工具选择聚酯刷和毛巾。

吸尘：通过水泵对清洗下来的微生物进行吸尘处理，将清洗下来的微生物以及题刻表面的泥沙吸到保护体外的集水井后集中处理。

检查：吸尘处理完成后，通过潜水员自检以及监督人员检查的方式，检查有无清洗工具遗落在保护体内。

4. 质量控制

潜水员在进行清理藻类或清理泥沙之类的清洗作业时，一方面注意自查，检查清洗的效果；另一方面由质量监督人员通过观察窗观察作业区域的清洗效果，并通过通信系统告知作业人员进行具体的操作，达到检查复核效果，以保证潜水清洗作业的质量。

二、题刻文物本体及保护环境监测系统

图 3-3　监测中心

处于水下保护体中的题刻文物，发生了什么变化，受到了什么影响，保存环境发生了什么变化，这些都是人们关心的问题。因白鹤梁水下保护体的建造，对文物实施全天候的监测分析、加强文物保护成了第二道课题。

自 2009 年以来，关于题刻文物本体和保护环境监测方面，以"白鹤梁题刻文物本体和保护环境监测"项目的实施为界，可划分为两个阶段。第一个阶段，自 2009 年至 2019 年；第二个阶段，自 2019 年年底至今。

（一）第一阶段

依据水下保护体设计原理，利用预设设备，开展了水环境检测、建筑体安全监测和文物本体监测。

1. 水环境检测

白鹤梁水下博物馆运行开放不久，水下保护体内出现了水体浑浊的情况。在采取了一些应急措施，初步治理了水体并取得一些效果之后，从2011年到2018年，为掌握保护体内水环境状况、变化规律及影响因素，博物馆联合重庆大学有关机构自2011年至2018年连续开展对白鹤梁题刻水环境的检测分析。这也是为制定水下文物保护相关标准，开展国家级科研项目及申报世界文化遗产提供工作基础。

水环境检测重点是水质指标。水质指标的检测是指，对水样中除去水分子外所含杂质的种类和数量的分析，它是判断水体污染程度的具体衡量标准。水质指标分为理化指标和生化指标。白鹤梁题刻水下保护体内水质监测所选取的理化指标，包括pH、浊度、溶解氧、电导率、铁离子、硫酸根离子、余氯；生化指标，包括COD_{Mn}、BOD_5、TN、TP以及细菌总数。

白鹤梁题刻水下保护体容器平均高度4米，平均宽度10米，最远两端相距64米，总容积约4500立方米。为了考察不同距离，不同高度水质情况，获取充分、全面的数据，分别于上游、中游、下游共设置了6个监测点。取样点布置如下：

（1）理化指标检测

检测所选取的理化指标为：pH、浊度、溶解氧、电导率、铁离子、硫酸根离子以及余氯七大指标。检测pH所用仪器为哈希SensION 1pH检测仪，检测方式为现场检测；检测浊度所用仪器为哈希2100Q浊度仪，检测方式为现场检测；检测溶解氧所用仪器为哈希HQ25d溶解氧仪，检测方式为现场检测；检测电导率所用仪器为电导率测定仪，检测方式为现场监测；检测铁离子所用仪器为原子吸收分光光度计，检测方式为送检；检测硫酸根离子所用仪器为SY-3A硫酸根快速测定仪，检测方式为送检；检测余氯所用仪器为哈希便携式余氯测定仪，检测方式为现场检测。

以下为2011—2018年理化检测指标（数据为年度平均值）：

表3-1 2011—2018年理化性水质指标随时间的变化情况

项目		2011	2012	2013	2014	2015	2016	2017	2018
pH	进水	7.93	8.06	7.73	8.25	8.11	7.46	7.48	7.35
	上游	7.9	8.01	7.88	8.19	7.92	7.62	7.23	7.28
	中游	7.9	8	7.89	8.21	8	7.74	7.11	7.15
	下游	7.88	8	7.93	8.34	7.95	7.83	7.26	7.29
浊度	进水	0.37	0.37	0.86	0.36	1.23	1.9	0.44	1.39
	上游	2.18	5.73	0.86	0.57	1.12	1.28	3.1	0.55
	中游	3.12	3.24	0.83	0.7	1.54	1.36	1.41	0.87
	下游	5.56	2.85	0.9	0.56	1.23	1.28	2.87	2.98

续表

溶解氧	进水	9.1	10.63	9.01	9.37	8.2	5.24	9.22	8.49
	上游	9.72	11.77	10.63	11.41	9.2	9.65	12.05	8.9
	中游	9.99	10.2	10.55	10.57	10.14	9.83	12.13	9.38
	下游	10.02	11.15	10.4	10.78	10.11	9.75	12.62	9.41
电导率	进水	388	414	404.6	403.5	376	340	359.7	382.8
	上游	359	417	386.6	404	388.7	358.5	360.7	352.8
	中游	349	362	385.6	403.5	389.7	354.5	359.3	359.8
	下游	356.4	413.5	385.8	402	403.3	356.5	358.3	359.3
铁离子	进水	0.1	0.1	0.1	0.1	0.079	0.063	0.0025	0.0215
	上游	0.165	0.1	0.11	0.12	0.077	0.062	0.0086	0.004
	中游	0.165	0.1	0.11	0.1	0.214	0.065	0.0038	0.0073
	下游	0.11	0.1	0.12	0.1	0.245	0.061	0.0043	0.0086
硫酸根离子	进水	55.19	53.7	48	61.25	110.12	39.4	48.1	41.85
	上游	55.38	54	48.1	53.51	110.36	43.1	38.5	40.18
	中游	54.88	54.02	48.2	54.45	134.3	42.3	38.3	40.22
	下游	57.55	54.44	47.7	57.4	169	42.65	48.3	40.45
余氯	进水	0	0.005	0.02	0.02	0.014	0.02	0.009	0.031
	上游	0	0.015	0.03	0.035	0.017	0.025	0.03	0.03
	中游	0	0.02	0.01	0.02	0.025	0.02	0.02	0.023
	下游	0	0.035	0.01	0.01	0.01	0.03	0.025	0.023

注：浊度单位为 NTU，溶解氧单位为 mg/L，电导率单位为 us/cm，铁离子单位为 mg/L，硫酸根离子单位为 mg/L，余氯单位为 mg/L。

分析上表数据，可以得出以下初步结论：

第一，题刻保护体内水体 pH 值变化幅度较小，介于 7.11~8.34 之间。有研究表明，水体或溶液 pH 值小于 5.6 或大于 12.5 才会对钢筋混凝土及石材产生危害，因此保护体内的水体不会对题刻及建筑构成危害。

第二，循环水进水浊度较低，在 2NTU 以下，保护体上、中、下游平均浊度基本在 5NTU 以下，个别超过 5NTU，认为是潜水员取样时底泥搅动引起的。

第三，进水的溶解氧变化幅度较大，保护体内溶解氧变化幅度较小，但含量较高。这么高含量的溶解氧对藻类生长、钢构件腐蚀有一定的促进作用。

第四，电导率变化幅度较大，介于 340~417us/cm 之间，电导率可间接表征溶解性总固体（TDS），两者之间呈非线性关系，在有限浓度区段内，电导率等于 $2 \times TDS$，有关研究表明 TDS 浓度在 170mg/L~208.5mg/L，常温下不会对题刻和相关构件造成腐蚀。

第五，铁离子的浓度在 0.25mg/L 以下，保护体内的铁离子含量在 0.004~0.245mg/L 之间。中下游在 2015 年有明显升高的趋势，整体呈下降的趋势，进水和上游的铁离子含量从 2011 年到 2018 年总体呈下降的趋势，因此，短期内不会对岩体和构件产生不利影响。

第六，除 2015 年外，进水和保护体内的硫酸根离子含量整体上呈下降的趋势，保护体内的硫酸根离子含量在 169mg/L 以下，绝大多数时候介于 40~60mg/L 之间，对水文题刻侵蚀效应不明显。

第七，从检测到的数据来看，保护体上、中、下游和进水中的余氯含量均低于 0.05mg/L，2011 年甚至检测不到余氯，导致不能有效地抑制保护体内的细菌生长，这也是白鹤梁保护体内藻类滋生的原因之一。

（2）生化指标检测

白鹤梁水下保护体水质检测所选取的生化性指标为：化学需氧量（COD_{Mn}）、五日生化需氧量（BOD_5）、总氮（TN）、总磷（TP）以及细菌总数五大指标。检测 COD_{Mn} 所用仪器为实验室常规仪器，检测方法为快速消解分光光度法；检测 BOD_5 所用仪器为哈希 BODTrakIIBOD，检测方法为稀释接种法；检测 TN 所用仪器为哈希 DR5000，检测方法为碱性过硫酸钾消解紫外分光光度法；检测 TP 所用仪器为哈希 DR5000，检测方法为钼锑抗分光光度法；检测细菌总数所用方法为直接计量法。

以下为 2011—2018 年生化检测指标（数据为年度平均值）：

表 3-2　2011—2018 年生化性水质指标随时间的变化情况

项目		2011	2012	2013	2014	2015	2016	2017	2018
COD_{MN}	进水	0.81	0.775	0.992	1.165	1.06	6.87	2.38	2.02
	上游	0.89	1.095	1.354	1.165	1.69	8.58	3.77	1.63
	中游	0.92	1.02	1.15	1.57	2.84	6.88	1.176	2.25
	下游	1.37	0.895	1.12	2.885	4.82	14.6	7.43	2.61
BOD_5	进水	0.42	0.85	0.19	1.57	0.75	2.37	3.52	1.43
	上游	0.41	1.65	0.64	1.91	1.12	2.22	3.34	0.57
	中游	0.38	0.7	0.56	1.72	1.54	2.61	2.97	1.01
	下游	0.41	1.25	0.96	1.39	1.23	2.39	3.55	1.05
TN	进水	0.92	1.7	0.87	1.975	0.182	0.898	1.71	1.655
	上游	1.602	1.89	0.71	1.935	0.185	1.868	2.03	1.758
	中游	1.26	1.78	0.71	2.035	0.181	1.815	1.62	1.648
	下游	1.635	1.77	0.73	1.955	0.192	1.863	2.29	1.64

续表

TP	进水	0.053	0.03	0.036	0.05	0.03	0.0425	0.0587	0.105
	上游	0.035	0.05	0.04	0.055	0.021	0.054	0.0363	0.0355
	中游	0.09	0.04	0.044	0.05	0.039	0.0845	0.0447	0.0863
	下游	0.0675	0.035	0.052	0.045	0.023	0.054	0.0557	0.0585
细菌总数	进水	5448	5834	103.8	248	60	236.5	1033	907
	上游	5600	5888	84.4	136	5633	530	683	230

注：COD_{MN} 单位为 mg/L，BOD_5 单位为 mg/L，TN 单位为 mg/L，TP 单位为 mg/L，细菌总数单位为 CFU/mL。

根据上表，可得出以下结论：

第一，白鹤梁题刻水下保护体内水体的化学需氧量（COD_{Mn}）浓度整体较低。2016 年所测值较高，但其值仍在《地表水环境质量标准》（GB 3838—2002）I 类标准范围内，其余年份均小于 8mg/L，表明保护体内水体基本无有机污染。

第二，除 2017 年外，五日生化需氧量（BOD_5）满足《地表水环境质量标准》（GB 3838-2002）I 类标准，保护体内 BOD5 含量的变化与进水中 BOD5 含量变化趋势具有高度相关性。

第三，总氮（TN）含量部分满足《地表水环境质量标准》（GB 3838—2002）II 类 ~IV 类标准，有富营养化趋势。进水的总氮含量会影响保护体内水体的总氮含量。

第四，总磷（TP）含量大部分为《地表水环境质量标准》（GB 3838—2002）II 类水质，进水的总磷含量会在一定程度上影响保护体内水体的总磷含量。

第五，2011—2012 年水样细菌总数的数量较大，其后几年数据降低。经综合分析后认为与保护体内投放消毒剂、潜水员水下作业等因素有关。如，潜水员进入保护体内清洗题刻，可能造成细菌总数升高。总之，原因是比较复杂的。

综上所述，白鹤梁水下保护体水体的理化指标和生化指标总体符合清洁水标准，对题刻文物和保护体建筑物、设备没有重大不利影响。同时，我们意识到，以上数据是在一定程度上的人工干预（比如注入适量漂白剂、改进灯具等措施）基础上取得的。

2. 建筑体安全监测

水下保护体的设计、建造期间，在其长轴、短轴、穹顶、交通廊道、观光廊道等关键部位，设计安装了钢筋计、土压力计、基岩变位计、混凝土应变计等监测仪器，并在地面建筑内布设安装了自动化监测管理系统，对水下保护体各部位监测传感器进行全天候自动化监测管理。

白鹤梁水下保护体建筑结构的稳定性监测，按数据采集方式分为电测仪器监测和光纤仪器监测。常规振弦式监测仪器（电测仪器监测）主要沿水下保护体椭圆形建筑物的长轴和短轴各布置了一个监测剖面，在下游交通廊道布置了两个观测断面，分别布置了基岩变位计、钢筋计、应变计和界面土压力计。光纤监测仪器主要沿水下保护体椭圆形建筑物的长轴和短轴各布置了一个监测剖面，另在穹顶上下游部分各增加布置 3 个监测横剖面。在水下保护体椭圆形墙体 136.3~137.5 米高程截面和 139.7~140.5 米高程截面各增加一个水平监测剖面，布置光纤钢筋计、应变计和温度计共计 160 个监测设备。

3. 文物本体监测

水下保护体的设计和建造过程中，在保护体内预设了用于观测题刻文物的遥控观测系统。这套系统由水下摄像机、电脑触摸控制演示终端和多媒体实时控制软件组成。

水下有球形摄像机 28 台，可拍摄部分重要题刻文物。拍摄数据经穿舱件传输到保护体外，再传输到位于观察窗旁侧的显示器。显示器上可观看题刻文物的图像，并可通过触摸屏调整摄像机方向，也可放大、缩小图像。这套系统既可满足文物保护分析的要求，也可用于观众观看文物细部。

（二）第二阶段

实施白鹤梁题刻文物本体和保护环境监测项目。

1. 建设背景

白鹤梁水下博物馆运行多年，保护手段不断提高，但主要根据人为经验干预保存环境，文物本体及水下保护体监测预警类型和指标相对独立，缺乏系统性的分析。水下保护体运行多年以后，部分监测探头失灵。为了加强对白鹤梁题刻保存环境各种影响因素的监测，加强综合性分析，进而根据监测数据改善白鹤梁题刻的水下保存环境，有必要提升文物本体和保护环境的监测水平。

《保护世界文化和自然遗产公约》《中华人民共和国文物保护法》《中国世界文化遗产监测巡视管理办法》等，都对列为世界文化遗产及预备清单的文物保护单位做出了强化文物本体和环境监测的规定。这是世界文化遗产保护工作的基本要求，是申报世界文化遗产的关键指标，也是实现科学管理和预防性保护的重要基础工作。为此，重庆中国三峡博物馆（白鹤梁水下博物馆）向上级部门提出了实施白鹤梁题刻文物本体和保护环境监测项目的申请，获得国家文物局和重庆市文物局的同意。

2015 年 4 月 29 日，国家文物局《关于白鹤梁题刻文物本体和保存环境监测项目立项的批复》（文物保函〔2015〕2248 号）批准项目立项；2016 年 12 月 2 日，国家文物局批复《关于白鹤梁题刻文物本体和保护环境监测系统方案的意见函》（文物保函〔2016〕

1965号);2018年12月7日,《重庆市文物局关于白鹤梁题刻文物本体和保护环境监测项目深化设计方案的意见》(渝文物〔2018〕362号文件)批准了项目的深化设计方案。2019年6月12日,项目开工;2020年4月28日,项目竣工。经数月试运行,2020年9月11日,重庆市文物局组织了项目竣工验收,专家组同意项目结项。

2. 主要内容

白鹤梁题刻文物本体和保护环境监测系统包括13个子系统,各个子系统名称、主要用途及相应功能见下表。

表3-3 白鹤梁题刻文物本体和保护环境监测系统构成表

系统名称	主要用户	主要功能
空间GIS支撑平台子系统	运维管理员	空间信息整合
		空间数据库统一存储与管理
保护体等压监测子系统	数据管理员	实时数据查询
		历史数据查询
		数据导出
保护体内保存环境监测子系统	数据管理员	实时数据查询
		历史数据查询
		数据导出
水下建筑体安全性监测子系统	数据管理员	稳定性实时数据查询
		稳定性历史数据查询
		稳定性数据导出
		航运船只监测图像展示
		船只通过记录查询
		船只通过数据导出
		建筑体振动实时数据查询
		建筑体振动历史数据查询
		建筑体振动数据导出
		渗漏水实时数据查询
		渗漏水历史数据查询
		渗漏水数据导出

续表

文物本体监测子系统	数据管理员	表面微生物及石质弱化程度监测
		岩体裂隙监测
水下博物馆环境监测子系统	数据管理员	实时数据查询
		历史数据查询
		数据导出
游客监测及管控子系统	数据管理员	实时售票查询
		实时游客量查询
		瞬时游客量查询
		数据导出
遗产预警管理子系统	数据管理员	预警统计
		预警展示
		预警处置
		解除预警
数据分析与利用子系统	数据管理员	26 项监测数据录入与管理
		监测数据导出
		保护体等压监测分析
		保护体内保存环境分析
		水下建筑体安全性日均分析
		水下建筑体安全性月均分析
		水下建筑体安全性叠加分析
		水下建筑体安全性关联分析
		文物本体监测数据分析
		水下博物馆环境日均分析
		水下博物馆环境月均分析
		月度游客量对比分析
		游客量历史同期对比分析
		分析数据导出

续表

监测大屏	数据管理员 馆领导 科室领导	水位、水压、流量、光照监测
		游客量监测
		馆内微环境监测
		水质监测
		船只通过振动监测
		循环水流量监测
		钢构件锈蚀监测
		保护体渗漏水监测
		三维空间展示
		二维空间
		实时监测视频展示
数据接入服务	巡查员	馆内微环境
		游客数据
		保护体稳定性
		船只经过
		振动
		水位、流量
		钢构件锈蚀
		循环水流量
		光照
		本体监测
		监控视频
移动采集 App	巡查员	设备科日常巡查
		设备科夜间巡查
		保卫科日常巡查
		稳定性数据采集
		渗漏水数据采集
		水位数据采集

续表

移动采集 App	巡查员	异常上报
		异常处置
运维管理系统	运维管理员	用户管理
		角色管理
		部门管理
		日常巡查配置
		客流高峰
		预案配置
		预警配置
		设备管理
		系统日志

子系统的运作方式是自动采集数据和人工导入数据及上报异常情况相结合，属于一种半自动化的方式，实现了数据采集、集成、展示与预警、管理、分析等功能。以保护体内保存环境监测子系统为例，这个子系统监测的是保护体内的水质情况，水质检测指标有水温、pH、溶解氧、浊度、电导率、叶绿素、光照、余氯等，通过对水质指标进行监测，从而了解保护体内文物的保存环境，该子系统实现了水质指标的实时数据查询、历史数据查询及数据导出功能。再以文物本体监测子系统为例，这是利用水下高清摄像机实时监测文物本体的表观状态，通过文物本体监测子系统形成的长期数据分析，可以监测文物本体表面微生物生长情况、石质弱化情况，还可以监测文物本体的岩体裂隙变化情况。

建设白鹤梁题刻文物本体和保护环境监测系统，并采取科学的运行方式，有效地改善了白鹤梁题刻的监测和管理现状，实现了遗产监测数据"实时采集、集中存贮、统一管理、多样展示、有效分析、综合报告、辅助决策"，便于更好地指导白鹤梁题刻保护与管理运行，夯实可持续发展基础。

该项目还可进一步完善，比如由目前的实时监测升级为自动监控，可通过计算机控制，完成压差调整、注水等工作，这需要在大量数据积累的条件下，制定相应标准后实施；再如，对保护体本身、保护体以外文物的监测，目前手段尚不多。

图 3-4　白鹤梁题刻文物本体和保护环境监测项目建成后效果

三、循环水系统

循环水系统是白鹤梁题刻水下保护工程"无压容器"原理的核心，通过循环水系统，将长江水净化后灌入保护体内，并在循环水系统与保护体内进行封闭循环，以加减水的方式到水压平衡。

1. 循环水系统的功能

循环水系统主要功能是平压和净水。平压是根据长江水位的起落保持壳体内外水压动态平衡，以确保壳体结构的稳定安全；净水是根据长江水位、流速、季节等因素，确定壳体内增减补水量，确保泥沙含量较大的长江水不进入壳体内。未经处理的长江水，浊度最低达几百 NTU，汛期可能会出现上千 NTU。而保护体内的水浊度最大不能超过 5NTU，否则无法保证清晰度和水质。循环水系统防止了长江水进入壳体内，可以说是水下保护体运行的基础和核心，也是保护水下题刻环境的重要支撑。

2. 系统运行概况

通过循环水系统的作用，在 2009 年 5 月白鹤梁水下博物馆开放之初，水下保护体的压力平衡功能正常，但是出现了前述的水体浑浊的情况。循环水系统交替使用充水置换与封闭循环等操作方式，经过半个月的运行，保护体内水质依然浑浊，看不清文物题刻表面。于是尝试改为以封闭循环为主要运行方式，同时完善了保护体内的补水、排气等功能，到 2010 年 4 月上旬，保护体内水质及题刻表面基本可供参观。

2012年对循环水系统活性炭材料进行全面更换，保护体内水质及题刻表面更趋清晰。2013年为循环水系统增加了缺水报警功能和流量计控制功能；2014年加装了补水自动控制功能，精密过滤器的滤芯由5微米增进到1微米。随着循环水系统功能的提升，保护体内水质清晰、稳定，平均浊度降低至0.5NTU。按照博物馆自定的清晰度标准，每年的清晰可见天数从2011年的200天逐渐提升到2014年的363天。水体清晰度高，以至于有的观众透过观察窗参观题刻时，无法判断保护体内是否有水。

3. 操作流程

通过多年对循环水系统的操控、调试，根据与重庆大学联合进行的水质监测化验及数据分析，逐步摸索出一些调控循环水系统的规律。循环水系统的操作，应结合保护体外长江的水位、流速（可通过长江水文网获得相关信息），随之相应增减水量，这对于水体水质的控制有重要影响。

总结多年工作实际，循环水系统的操作流程如下。

第一种情况：正常启动时，首先在净水箱处直补水，补水量要大于水泵的起水量。待补水到达保护体内方可启动水泵（防止启动瞬间保护体内形成负压，外江水进入）。循环水系统工作正常后，根据长江水位、流速及季节情况在中间水箱适当补水，保持循环水系统工作正常。正常工作状态下，随时监测中间水箱水位，保证进入保护体的水量大于出水量。当中间水箱水位过低时，自动补水装置启动，自动补水至安全合理位置后关闭。

第二种情况：当运行中停水时，关闭中间水箱补水阀，调节中间水箱水位至平衡状态。来水时，再打开中间水箱补水阀适当补水，调节循环水系统至平衡状态。

运行中如遇停电，应关闭循环水系统总电源，净水箱处适当补水，中间水箱补水关闭。待确认电源正常后，在净水箱处补水，补水量大于循环水泵的起水量，待补水到达保护体后合上循环水系统总电源，循环水泵自动启动，在中间水箱适当补水，净水箱处补水关闭，调节系统至平衡状态。

第三种情况：清洗题刻时，循环水系统必须正常运行，排出由潜水员带入保护体内的气体。在清洗泵阀门打开前，净水箱给予直补水，补水量要求大于50立方米/小时，清洗期间循环泵处要不停地排气。清洗完毕，清洗泵停止，阀门关闭后净水箱补水关闭。

四、深水照明系统

白鹤梁题刻水下保护体长 70 米，宽 25 米多，不具备自然采光条件，为了能在参观廊道内直接观察保护体内的题刻，为潜水作业提供基本保障，为游客在参观保护体内题刻时提供足够的照明，需要建设水下照明系统。该系统的特殊性是照明面积大。水下 40 米的深水照明环境，既要求有足够的照度，又要求照明产生的热量及辐射、灯具的材质不能对文物造成影响，还需要具备在保护体外部调节和控制灯光的功能。

1. 照度研究

水下博物馆的深水灯光照明，在全世界尚无先例可参考。为了取得较好的灯光效果，更好地展示水下的题刻，开展了对深水照明系统的照度专题研究。该研究包括灯光布置高度、距离、照明数量、光线走向、灯光强度等方面，还要研究灯具、灯珠在水下的寿命。根据研究采用了 LED 照明方案。LED 照明可采用体积小、照度高、能耗小、发热较低、承压力较强的专用灯具，这样的灯具无辐射光线、无电磁干扰、无电火花、无电击危险等。

水下保护体内共布局灯具 126 盏，其中泛光灯 108 盏，聚光灯 18 盏。根据实验，水下照明方向采用侧逆光，在 50°~90° 时光照大大减弱，在 0°~40° 范围内光照效果最好。灯具布局方式是在均匀布置基础上，对重点题刻加强照明布置。通过研究试验，确定了在深水照明的照度为 350 勒克斯（Lux），题刻表面照明的照度为 400 勒克斯（Lux）。

2. 照明系统的更新

白鹤梁题刻水下保护体内的照明系统最初于 2005 年安装，当时采用了先进的 LED 照明技术，经过模拟测试，2009 年 5 月水下博物馆开放后正式使用，基本满足了白鹤梁题刻水下展示的要求。但经过一段时间的运行，逐渐出现了三方面的问题，极大影响展出效果。

其一，灯具布置不均衡，照度不均匀，重点题刻不突出，视觉效果平淡。这主要是对于水中灯光的折射、反光的估计不足，一些点位的灯光反而影响了对题刻的观察。

其二，水下照明灯光的灯具出现腐蚀，产生"浮渣"。据分析研究，此"浮渣"是第一代灯罩中铝的析解物，这些"浮渣"难以完全清除，且掉落、覆盖在题刻表面，可能弱化题刻，影响文物安全。

其三，灯珠的发热问题。更换了灯具后，运行过程中发现灯珠也出现问题，第一代 LED 灯珠采用的是暖白光型，这种灯光会产生多余热量提高保护体内水的温度，给藻类的生长提供了有利环境，微生物滋生迅速，使水质发生变化。

对水下照明系统的更新，首先是在 2010 年 2 月使用了第二代水下照明系统的灯具，铝质灯罩改为不锈钢灯罩。然后是在2016年实施了白鹤梁题刻保护体灯光改造工程。

这次灯光改造工程,对原有水下照明系统进行了较大的更新。主要工程内容是:

更换了灯珠,把以前的暖白光换成了冷白光,有利于抑制藻类滋生;

提升灯光布局合理性,围绕重点题刻,配置适当比例的背景光和效果光,通过侧逆光、效果光、背景光等手段展示题刻的立体感,使题刻的可视度、辨识度明显增强,参观效果更佳;

提升智能化程度,建立智能化控制平台。以智能控制和手动控制、区域控制和定点控制相结合的方式,实现对水下灯光进行终端触控与机房手动控制,将控制指令发送到区域和定点系统,能够独立地调节、开启或关闭灯具,实现人走灯灭,减少无效的照明。

图 3-5 深水照明系统灯具安装

五、水下保护体的玻璃观察窗系统

白鹤梁题刻水下保护体有23个观察窗,每个观察窗采用双层亚克力玻璃结构,可靠性高,承压、透光性能突出。临水面玻璃直径为825毫米,厚度88毫米;无水面玻璃直径为790毫米,厚度为84毫米,可供观众和工作人员从参观廊道,透过玻璃窗参观、观察题刻。通过前面章节的介绍,读者已经了解到水下保护体内注满了经净化处理的长江水，而参观廊道则没有水，观众和工作人员可以通过斜坡廊道、水平廊道进入参观廊道，由玻璃观察窗参观题刻文物。

1. 玻璃观察窗及生产工艺

水下保护体观察窗的玻璃是一种航空有机玻璃，广泛应用于飞机、战斗机、潜水艇等设施设备，是以甲基丙烯酸甲酯为主要原料，加入各种助剂，在引发剂作用下，经本体聚合得到的透明板材。这种材质的玻璃对原材料的纯度、生产工艺和条件及设备的要求比普通玻璃高很多，保证了优越的透明度、坚固及较长的使用寿命。

第一代玻璃观察窗于2005年安装并投入使用，2013年2月发现部分观察窗玻璃因长期受长江水的压力、水体腐蚀逐渐老化，透光度降低，出现不规则的"银纹"，经组织专家机构检测论证，存在安全隐患。玻璃出现老化迹象，临近使用寿命。

更换以后的观察窗玻璃具有下面三个方面的优化创新：一是以YB-3航空有机玻璃为基础，加入二甲基丙烯酸新戊二醇酯进行本体浇筑共聚而成。这种玻璃具有更坚固的结构、更稳定的板材尺寸，表面硬度、拉伸强度、冲击强度、弯曲强度、拉伸弹性模量和应力等性能都得到显著提升。二是加入U-VP紫外线吸收剂以提高板材的耐紫外线老化性能，在聚合后期采用提高处理温度、延长聚合时间等工艺方法降低有机玻璃的剩余单体含量，提高了板材的耐老化性能。三是在加工成观察窗玻璃后，在80℃下退火处理3个小时，消除残余应力，满足了白鹤梁水下保护体观察窗玻璃在长江水下40米处的技术要求。

2. 玻璃观察窗的更换

2014年5月，国家文物局批准实施白鹤梁题刻参观廊道观察窗整改及玻璃更换工程。2014年7月，白鹤梁水下博物馆闭馆施工，2015年4月项目完工，经验收合格，博物馆重新开放。这是一次新材料与水下文物保护相结合的科技应用，也是水下施工作业的一次巨大挑战。

水下保护体玻璃观察窗更换是一项无先例可循的工程，存在较多难点。通常，潜水设备的观察窗都可以回到水上进行更换，而白鹤梁水下保护体的特殊性决定其只能在水下更换。玻璃观察窗的两侧，一侧有水有压，另一侧则无水无压，这样的工作环境，给操作、工艺提出了极高要求。玻璃安装的基座与保护体之间的衔接，同样事关保护体的安全，需要特别留意。

观察窗的临水一侧必须由潜水员在水下装配施工（水下40米已达深水区，一般施工人员未经专业训练不能进入），而潜水员并无机械装配的经验，必须经过严格的专业培训才能胜任工作。另一侧观察窗玻璃的更换同样具有难度，远比初始加工后的装配难。

因为原来的观察窗是在厂里连带基座、玻璃一起安装，工装及试验条件均较好，而水下保护体内现场条件局促，搬运及安装施工条件很差，因此必须设计专用设备和工装才能进行。

更换步骤如下：

（1）进行现场勘验分析。根据施工需要对现场情况做出评估，对水下保护体的供气系统、供水系统、加减压系统、供电系统、排水系统、通信系统及应急系统进行检查维护，确保施工期间不出意外。

（2）订购观察窗新玻璃。新选用的航空有机玻璃抗压强度高，抗冲击性强，抗衰性能更好，加工周期大约为 4 个月，但使用寿命长，延长了玻璃更换的周期，可减少题刻保护工程维护成本。

（3）施工准备。完成观察窗内外层玻璃拆卸及安装专用设备的设计及加工；完成水下吊运设备的修复或加工；完成工装设备，模拟观察窗及试验设备、密封圈、零部件的设计加工。对潜水员进行安装培训，以提高潜水员水下机械操作的技术水平，提高水下工作效率，为安装工作打好基础。

（4）试验更换。首先选取一个观察窗进行更换试验，记录更换工作中遇到的各种情况、困难，取得成功后，再继续进行其他观察窗的更换。原则是保证更换工作百分之百安全，即使牺牲速度也必须保证施工工作的绝对安全可靠。

图 3-6　观察窗玻璃更换

（5）正式更换。

步骤：先在临水一侧观察窗外加装一个临时密封盖，以确保即使观察窗玻璃发生任何意外（如破裂）时观察窗仍能密封（保护体外的水不能进入廊道）。然后使用专用设备拆除无水一侧观察窗的压紧螺母（直径为840毫米），取出旧玻璃，换上新的玻璃，拧好压紧螺母，确认完成后，进行试压。试压成功后，进行下一步工作，否则须重新安装。难度更大的是临水一侧观察窗玻璃的更换，须由潜水员水下施工完成。潜水员利用吊运设备先后拆除临时密封盖、外观察窗玻璃，将新的玻璃通过吊运设备吊至安装位置，按操作步骤和顺序进行装配。装配完成后通过通信系统向廊道内的指挥人员汇报。此时可进行下一项工作，即调试工作。确保内外观察窗均不漏水后，观察窗更换工作完毕。

按照这样的程序，更换了23个观察窗的双层玻璃，没有出现安全事故。

六、潜水作业系统

白鹤梁水下保护体潜水作业系统是区别于其他博物馆的一个显著特征。白鹤梁水下保护体潜水作业系统由供气系统、潜水舱、综合控制平台、通信系统及供气管线组成，其中潜水舱是白鹤梁水下保护体潜水作业的核心设备，潜水舱是供潜水员进出保护体的唯一通道，是潜水员的生命支持舱室，同时，也是潜水员在水下作业时与外界进行信息交换的中转基地。

潜水作业时，需多人配合，由两名潜水员（一名进入保护体内作业，另一名在潜水舱配合）和指挥、协助等其他人员合作完成。保护体内作业的潜水员、舱内的潜水员及指挥人员通过综合控制台的潜水专用通信设备保持三方联系，实现指挥、操作和检查。当进行潜水作业时，首先需要根据外江水位变化计算水压，作为对潜水舱空气压力调控的依据。两名潜水员通过侧舱门进入潜水舱后，关闭侧舱门。通过综合控制平台对潜水舱进行加压，直至与外江水压力平衡后，打开底舱门，一名潜水员进入保护体进行水下作业，另一名在潜水舱配合。潜水员水下作业完毕，返回潜水舱内后，关闭底舱门，通过综合控制平台，按潜水减压规则、水深及作业时间，进行减压后出舱。

自开馆以来，潜水员进入保护体进行潜水作业、设施设备维护、水环境监测取样等，潜水作业系统稳定，潜水员依规操作、技能熟练，未发生任何安全责任事故。

七、自动扶梯

观众由地面陈列馆进入水下参观区，必须先通过坡型廊道，再通过水平廊道后，方能进入水下保护体，参观题刻文物。坡型廊道是从地面陈列馆通往地下水平交通廊道的必经通道，分设在保护体两端。根据其所处的相对位置，称为上游坡型廊道和下游坡型廊道。上下游坡型廊道结构形式一致，沿涪陵区长江防护堤顺坡布置。基础坐落于防护堤上，嵌入堤内深度1.7~3.2米不等，并辅以混凝土补偿垫层。上下游坡型廊道内宽3.4米，高4.2米，倾角约27°，高差约40米，水平支撑间距84.5米。

为便于观众进入水下参观区参观，在坡型廊道内设自动扶梯。由于上下游坡型廊道特殊的环境及空间结构，对自动扶梯的设计、生产、安装都有特殊的要求，施工难度较大。2006年，通过招投标采购了俄罗斯某厂家的两部自动扶梯。2007年5月特制生产而成，长途运送到重庆市涪陵区。该自动扶梯自安装以来，平稳运行了约10年。随着运行时间的延长，扶梯出现故障的频率越来越高，且配件严重缺失导致维修效率低、周期长，给博物馆开放、观众参观带来不便，根据实际情况，经上级批准，对自动扶梯进行了更新。

重庆市文化和旅游发展委员会、重庆市水利局高度重视白鹤梁水下博物馆自动扶梯更换工作，高效率批复项目立项，千方百计落实资金。自动扶梯更换作为"抢险工程"于2019年列入重庆市三峡工程建设项目的后续项目库，总投资达2000多万元。经过严格的招投标程序，国内某知名电梯品牌中标。2020年10月9日开始，白鹤梁水下博物馆闭馆，施工队伍进场对原电梯进行拆除，同时，新电梯运抵重庆市涪陵区。坡型廊道的结构与建筑体，位于长江防护堤上，无论是基础还是廊道本身，都容不得开挖，大型机械也无法入场，因此拆除和安装都面临许多难题。施工队在克服重重困难后，于2021年1月26日完工，2021年2月5日经重庆市特种设备检测研究院检验，出具了《自动扶梯与自动人行道监督检验报告》，确认电梯安装合格。

经更换改造的电梯，运行平稳，噪音较小，优势明显。电梯产品系国产，针对现场条件的优化设计，增强了电梯的安全性与舒适感，耗材及维修配件充足，便于及时维护。电梯全程91米，高差约40米，单程运行时间设定为3分30秒，确保既快捷安全，又平稳舒适。因电梯位于坡型廊道内，有隧道式回音干扰，在空载时，扶梯启动后噪音为54分贝，符合博物馆建筑设计规范对室内噪音标准的规定。

八、安防系统

重庆白鹤梁水下博物馆为公益性的文化服务单位，向公众开放，接待参观、考察、研究，观众的人身安全是工作重点；白鹤梁水下博物馆收藏着珍贵的文物，白鹤梁题刻是全国重点文物保护单位，是中华民族不可复制的文化遗产，被国家文物局列入中国政府的"申遗"预备名单，文物安全同样是博物馆工作的重点任务。白鹤梁水下博物馆是世界首座水下博物馆，水下建筑面积达3000多平方米，安全工作责任重大。

白鹤梁水下博物馆的安防系统，覆盖了地面陈列馆（包括展厅、设备区、管理区、办公区）、坡型廊道（自动扶梯）、水平廊道、参观廊道、保护体等部位。安防的主要内容是安全视频监控系统、消防系统、防雷系统、反恐系统等。白鹤梁水下博物馆的安防系统覆盖了地面陈列馆与水下保护体的各个部位，经过了统一设计、施工、验收，在这里一并做概要叙述。

按照有关规定，白鹤梁水下博物馆在规划设计等阶段，同步开展安防工程，实现了博物馆建设与安防建设"三同步"，即：同步设计、同步施工、同步使用。在安防系统投入使用后，根据使用情况，分期对若干子系统进行了升级、完善。在水下博物馆多年的运行中，安防系统发挥了作用，为保证包括水下保护体在内的水下博物馆各个部分的安全起到了重要作用。

1. 安防系统遵循的规范

安防系统的设计、施工、验收等各环节，严格依照全国重点文物保护单位相关规范，主要如下：

《文物系统博物馆安全防范工程设计规范》GB/T 16571—1996

《视频安防监控系统技术要求》GA/T 367—2001

《民用闭路监视电视系统工程技术规范》GB 50198—1994

《中华人民共和国公共安全行业标准：安全防范系统验收规范》GA 308—2001

《高层民用建筑设计防火规范》GB 50045—1995

《火灾自动报警系统施工及验收规范》GB 50166—1992

《自动喷水灭火系统施工及验收规范》GB 50261—2005

《电气装置安装工程电缆线路施工及验收规范》GB 50168—2006

《现场设备、工业管道焊接工程施工质量验收规范》GB 50236—1998

《建筑灭火器配置设计规范》GB 50140—2005

《安全防范工程程序与要求》GA/T 75—94

《安全防范工程技术规范》GB 50348—2004

《防盗报警控制器通用技术条件》GB 12663—2001

《工业电视系统工程设计规范》GB J115—87

《综合布线系统工程验收规范》GB/ 50312—2007

《电气装置安装工程施工及验收规范》GB J32—82

《视频安防监控系统矩阵切换设备通用技术要求》GA/T 646—2006

《入侵报警系统工程设计规范》GB 50394—2007

《视频安防监控系统工程设计规范》GB 50395—2007

《出入口控制系统工程设计规范》GB 50396—2007

《安全防范系统验收规则》GB 50394—2006

《防盗报警控制器通用技术条件》GB 50396—2006

《民用建筑电气设计规范》JGJ 16—2008

《图像信息管理系统技术规范》DB11/T 384—2006

《建筑物电子信息系统防雷技术规范》GB 50343—2004

《建筑物防雷设计规范》GB 50057—94

《电子设备雷击保护导则》GB/T 7450—1987

《安全防范系统雷电浪涌防护技术要求》GA/T 670—2006

《建筑电气工程施工质量验收规范》GB 50303—2002

2. 视频监控的主要内容

按照《视频安防监控系统技术要求》和《民用闭路监视电视系统工程技术规范》的规定，为满足博物馆视频监控需求，设计了视频监控入侵报警系统、夜间补光系统、矩阵系统、监视器系统等。视频监控点位 27 个：水下视频摄像机 13 个，地面陈列馆 14 个，视频监控存储时间 30 天，该工程于 2009 年 5 月 13 日完工并验收合格。

3. 消防系统的主要构成

白鹤梁水下博物馆属于多层建筑，根据防火规范，耐火等级为一级。消防工程项目于 2008 年 12 月 18 日开工建设，由火灾自动报警及联动控制系统、自动喷淋系统、消火栓系统、气体灭火系统、疏散指示系统、应急照明系统、广播系统、防排烟系统等组成。2009 年 5 月 16 日，重庆市涪陵区消防支队对工程进行验收，结论为符合建筑消防工程技术规范要求，验收合格。

博物馆开放运行以后，建筑体与功能设计方面的一些问题逐渐显现。2011 年 7 月，经上级批准，白鹤梁水下博物馆闭馆改造。改造项目主要为博物馆地面陈列馆的陈列改陈（详见下一章）。根据改陈工程对参观线路的调整，同步对消防设施设备按《建筑装饰设计规范》重新编制设计方案。涉及的主要内容包括：火灾自动报警及联动控制系统、自动喷淋系统、消火栓系统、防排烟系统等。工程于 2012 年 4 月竣工，5 月 14 日通过验收。

4. 安防系统的升级

2014 年 5 月，根据重庆市公安部门的规定，白鹤梁水下博物馆作为重要社会单位，按公安系统视频监控新标准，在出入口加装了 5 个点位的视频监控摄像机，并接入公安系统指挥平台。

2017年9月，按照《中华人民共和国反恐怖主义法》的规定，按照公安系统反恐视频监控系统的要求，对全馆视频监控系统进行升级改造。改造工程的主要内容是增加高清摄像机和红外夜视摄像机，扩容存储设备，实现了对博物馆监控全覆盖。

5. 防雷工程

白鹤梁水下博物馆位于长江边，江面开阔，地面陈列馆建筑高度近20米，在长江防护堤的周边建筑物中相对突出，容易遭受雷击。馆内电气设备多，防雷击意义重大。

根据《建筑物防雷设计规范》《电子设备雷击保护导则》等有关规定，防雷工程采用基础接地网和屋面接地网相结合的方式。基础接地网采用钢筋暗敷与结构柱内钢筋焊接，室外用镀锌扁钢与基础内钢筋预留1米可靠连接，网中每个连接点均牢固焊接。屋面接地网采用镀锌钢筋屋面明敷与结构柱内钢筋焊接，利用屋面不锈钢管作闪接器，网中每个连接点均牢固焊接，凡是有水泵、阀门、金属桥架、金属电缆管的地方，以及所有金属物体与就近的接地体用镀锌扁钢可靠连接。

第四章：水下博物馆建设

至 2021 年，水下博物馆开馆运行已 12 年。作为世界首座水下博物馆，它的成功建设和规范运行对同类型文物的保护无疑具有重要借鉴意义。

众所周知，白鹤梁水下博物馆属于专题类博物馆，收藏、研究和展示的主题就是古代题刻文化、水文文化、区域文化，以及为了保护古代题刻所采用的新理念、新技术、新方法。因此，我们建设水下博物馆，首先考虑的就是要在充分利用特色藏品资源的基础上，将原址保护工程转换为能够为公众提供展览、参观服务，实现传播知识、教育和欣赏的博物馆功能。

一、白鹤梁水下博物馆的功能与藏品

（一）功能建设

白鹤梁题刻水下原址保护工程，从单纯的原址保护，到能满足游客、专家、学者近距离地欣赏、研究白鹤梁题刻，经历了从地面陈列馆的规划、功能划分、陈列布展，到将白鹤梁题刻完善为博物馆的功能蜕变。

白鹤梁题刻中有着丰富的石鱼文化，其中"石鱼出水兆丰年"更是对其深意的浓缩与解读，充分体现了古代人民对水文文化、气候预测、农业生产的高度重视，对丰收年岁的期盼与渴求；是古代人民利用、征服、改造自然的智慧结晶，反映了我国古代人民的科技文化水平与科技理性精神。

白鹤梁水下博物馆地面陈列馆沿涪陵区长江南岸滨江大道外侧的长江防护堤布置，钢筋混凝土全框架结构。为了满足博物馆陈列展示功能和观光游览休憩的需要，矩形平面分布，造型呈中间高、两侧低，中部突起的椭圆形柱体与两侧顶部开放式庭院形成屋顶观景平台，呼应"石鱼出水"的建筑意境。建筑外侧装饰题材选取白鹤梁题刻丰富多彩的历代书法雕刻艺术作品，形成具有厚重历史感与活泼艺术感的专题类博物馆形象，使工程融入自然、融入历史。

图 4-1　白鹤梁水下博物馆地面陈列馆

白鹤梁水下博物馆地面陈列馆共有三层，占地面积 11333 平方米，建筑总面积 8433 平方米，展区面积 4580 平方米（含水下参观区面积）。陈列馆由参观展览用房、设备用房、办公管理用房三大功能区组成，主要功能为人流集散、水下保护体设备支持、办公及管理、陈列与展览。同时提供沿江观景平台，改善沿江景观，形成以白鹤梁题刻为背景的人文景点。

地面陈列馆以外，水下参观区面积 3035 平方米，包括上游斜坡廊道、上游水平交通廊道、水下参观廊道、题刻原址保护区、下游水平交通廊道、下游斜坡廊道。

设备用房主要为博物馆和水下题刻提供设备和安全保障，包括水循环设备用房、配电房、空调配置室、微型消防站、监控室。

办公区为办公室、开放接待科、设备科、保卫科、宣传营销科提供办公用房。同时，配备 2 个小型会议室和 1 个大会议室，用于召开员工会议、员工学习使用。

（二）藏品建设

藏品是反映人类社会及自然世界发展历程的实物证据，也是一个博物馆存在的基础和根本特色所在。因此，藏品建设好坏，直接关系到博物馆的安身立命和长远发展，藏品是博物馆的基础，博物馆工作是依托其上的各种活动。

白鹤梁水下博物馆藏品以白鹤梁题刻原址为主，包括各个时代的题刻拓片。

1. 题刻

各时代各类型题刻是白鹤梁水下博物馆最基础也是最重要的藏品。我们将白鹤梁题刻大致划分为以下几种类型：一是记述石鱼出水情况和水位与石鱼关系的题刻；二是石鱼出水与本年或来年农业丰歉关系的题刻；三是游览观鱼人的题名；四是文字多寡不一的名人游记。姑列举如下：

（1）记述石鱼出水情况和水位与石鱼关系的题刻

图 4-2　石鱼水标

【说明】唐广德二年（764）以前，白鹤梁上刻有石鱼两尾，现存一尾及隶书"石鱼"二字。清康熙二十四年（1685），涪州州牧萧星拱见唐鱼已经模糊不清，命石工重新镌刻两尾石鱼代替唐代石鱼作为新的水位标尺。

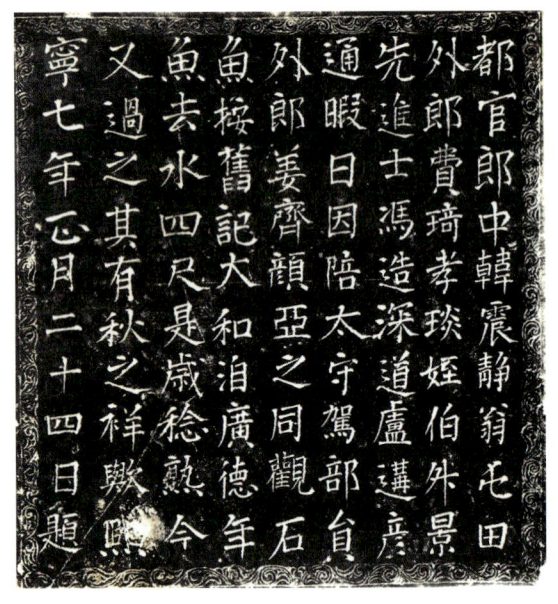

图 4-3　韩震等题刻

【说明】该题刻刻于北宋熙宁七年（1074），时"鱼去水四尺"。

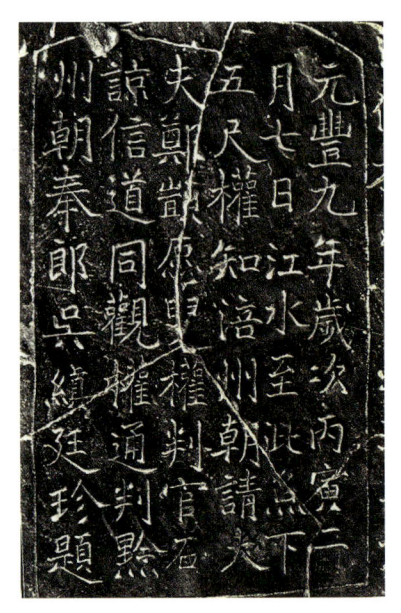

图 4-4　吴缜题刻

【说明】该题刻刻于北宋元丰九年（1086），为时任涪州知州郑颉等人所留，所记"江水至此鱼下五尺"。

（2）记述石鱼出水与本年或来年农业丰歉关系的题刻

图 4-5　吴革题刻

【说明】该题刻刻于北宋宣和四年（1122），为时任权知军州事吴革等人所刻。上有记云："今岁鱼石呈祥，得以见丰年。"

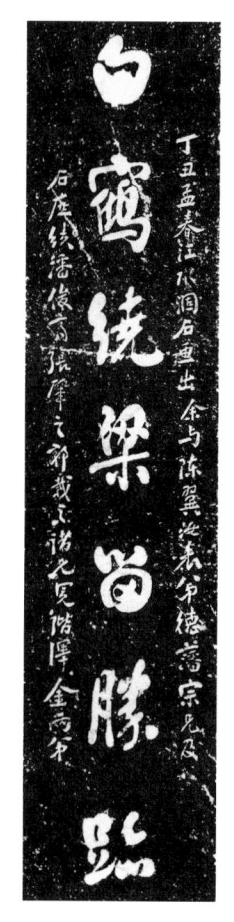

图 4-6 刘镜源对联题刻

△【说明】民国二十六年（1937），涪陵人刘镜源所题"白鹤梁绕梁留胜迹，石鱼出水兆丰年"两句，以示岁和年丰。

▷【说明】该题刻刻于南宋绍兴庚申年（1140），由汝南张宗悫、长安种彦琦等所题。

（3）游览观鱼者题名

图 4-7 徐庄等题刻

【说明】该题刻刻于北宋熙宁元年（1068），为时任涪州军事判官徐庄等观石鱼时所题。

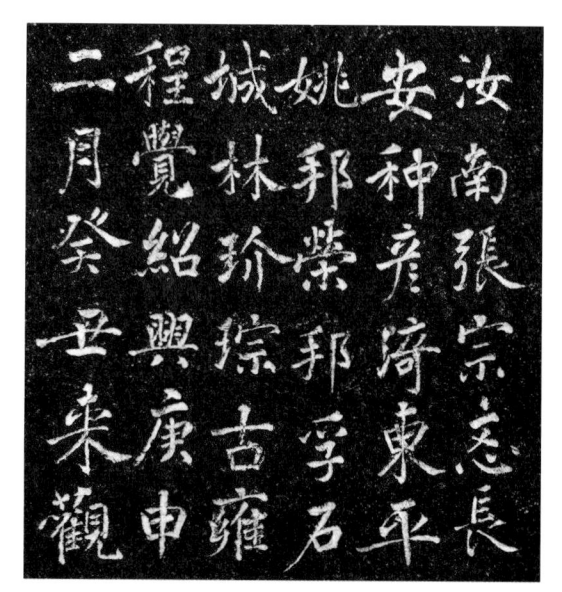

图 4-8 张宗悫等题刻

(4) 游记类题刻

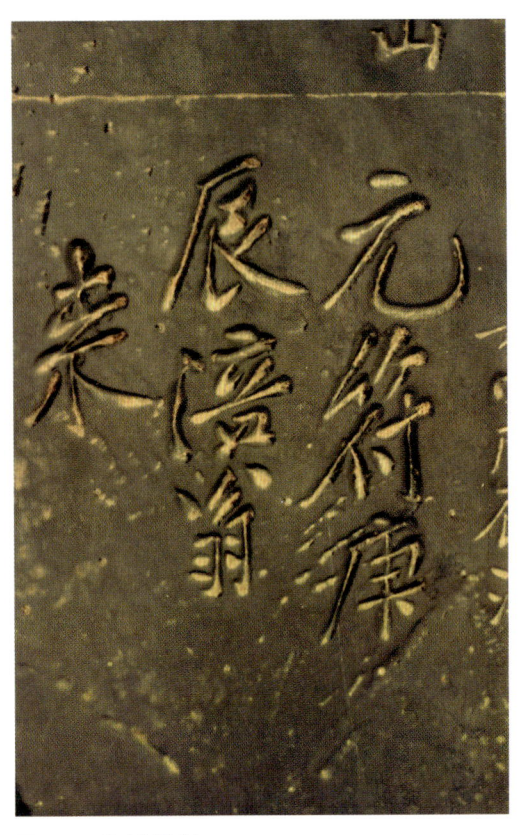

图 4-9 黄庭坚题刻

图 4-10 娄枢题刻

△【说明】该题刻刻于清光绪七年（1881），为白鹤梁为数不多的一则隶书游记。

◁【说明】该题刻刻于北宋元府三年（1100），为北宋著名文学家、书法家黄庭坚所作。

从以上举例可以看出，白鹤梁题刻类型是非常丰富的，其保存质量之好、镌刻艺术性之强在全国题刻类文物中属于佼佼者，因此，对其进行集中保护、科学展示，其价值自然是不言自明的。

有学者研究统计，石梁石刻密集区域，有包括著名的唐代双鱼等重要题刻 138 段。但据最新统计显示，水下保护体内所存题刻实为 137 段，保护体封存保护者 14 段，脱落或切割保护者 16 段。

具体情况详见以下诸表：

表 4-1 现存于水下保护体内题刻

序号	名称	尺寸（厘米）	公元年份	古代年号
1	谢昌瑜"申状题记"	92×140	971 年	北宋开宝辛未（四年）

续表

序号	名　称	尺寸（厘米）	公元年份	古代年号
2	朱昂题诗记	149×181	989年	北宋端拱己丑（二年）
3	刘忠顺倡和诗	191×261	1049年	北宋皇祐己丑（元年）
4	武陶等题名	64.7×152	1057年	北宋嘉祐丁酉（二年）
5	刘仲立等题记	155×70	1057年	北宋皇祐丁酉（二年）
6	冯□题记	130×80	1066年	北宋治平丙午（三年）
7	徐莊等题记	137×132	1068年	北宋熙宁戊申（元年）
8	韩震等题名	106×95.8	1074年	北宋熙宁甲寅（七年）
9	黄觉等题名	84×70	1074年	北宋熙宁甲寅（七年）
10	"熙宁"水位题刻	61.5×42	1074年	北宋熙宁甲寅（七年）
11	郑頵等题名	63.5×49	1085年	北宋元丰乙丑（八年）
12	吴缜题记	93.4×55	1086年	北宋元祐丙寅（元年）
13	王珪直等题记	48×37	1090年	北宋元祐庚午（五年）
14	杨嘉言等题名	104.3×94	1091年	北宋元祐辛未（六年）
15	姚珏等题名	80×88.6	1093年	北宋元祐癸酉（八年）
16	黄庭坚题名	34.8×40	1100年	北宋元符庚辰（三年）
17	符直夫等题记	54×40	1102年	北宋崇宁壬午（元年）
18	太守杨公留题	70×84	1102年	北宋崇宁壬午（元年）
19	庞恭孙等题记	114.6×58.3	1108年	北宋大观戊子（二年）

续表

序号	名称	尺寸（厘米）	公元年份	古代年号
20	王藻题诗记	107.5×133.4	1112年	北宋政和壬辰（二年）
21	蒲蒙亨等题名	69.3×36.3	1112年	北宋政和壬辰（二年）
22	蒲蒙亨等再题	86×51.5	1112年	北宋政和壬辰（二年）
23	吴革题记	114×96.3	1122年	北宋宣和壬寅（四年）
24	毌丘兼孺等题名	106.6×34.7	1125年	北宋宣和乙巳（七年）
25	刘公亨等题记	95×35	1129年	南宋建炎己酉（三年）
26	陈似题记	117.5×114.3	1129年	南宋建炎己酉（三年）
27	文悦题记	125×120	1129年	南宋建炎己酉（三年）
28	赵子通等题名	127×111.5	1132年	南宋绍兴壬子（二年）
29	蔡惇题记（王择仁题记）	125×125	1132年	南宋绍兴壬子（二年）
30	种慎思题记	83×73.2	1132年	南宋绍兴壬子（二年）
31	何梦与题记	不详	1132年	南宋绍兴壬子（二年）
32	张宗宪题记	60×45	1132年	南宋绍兴壬子（二年）
33	贾公哲等题名	96.5×96	1132年	南宋绍兴壬子（二年）
34	李宜仲等题名	47.8×32.5	1132年	南宋绍兴壬子（二年）
35	蔡兴宗等题记	79×70	1135年	南宋绍兴乙卯（五年）
36	贾思诚等题名	45×111.5	1137年	南宋绍兴丁巳（七年）
37	贾思诚等再题	83.8×111.3	1137年	南宋绍兴丁巳（七年）
38	戊午己未题记	70×76	1138年	南宋绍兴戊午（八年）

续表

序号	名称	尺寸（厘米）	公元年份	古代年号
39	张仲通等题名	39×67.2	1139 年	南宋绍兴己未（九年）
40	孙仁宅题记	228×153	1140 年	南宋绍兴庚申（十年）
41	晁公武等题名	61×96	1140 年	南宋绍兴庚申（十年）
42	冯忠恕等题记	48×44	1140 年	南宋绍兴庚申（十年）
43	潘居实等题记	114.2×41.1	1140 年	南宋绍兴庚申（十年）
44	周诩等题名	126.1×81.9	1140 年	南宋绍兴庚申（十年）
45	张宗忞等题名	69.2×69	1140 年	南宋绍兴庚申（十年）
46	张珰等题名	80.5×52	1144 年	南宋绍兴甲子（十四年）
47	李景孚等题名	67×61.5	1144 年	南宋绍兴甲子（十四年）
48	李景孚等再题	63×69	1144 年	南宋绍兴甲子（十四年）
49	杨谔等题记	83×34.5	1145 年	南宋绍兴乙丑（十五年）
50	杜与可等题记	76×85	1148 年	南宋绍兴戊辰（十八年）
51	何宪倡和诗	168.5×127	1148 年	南宋绍兴戊辰（十八年）
52	郡守题记（杜与可）	72×77.5	1148 年	南宋绍兴戊辰（十八年）
53	邓子华等题记	45×92.5	1148 年	南宋绍兴戊辰（十八年）
54	高克舒题记	128×32	1153 年	南宋绍兴癸酉（二十三年）
55	张维题名	61.5×36.5	1155 年	南宋绍兴乙亥（二十五年）
56	张维等再题	43×51.5	1155 年	南宋绍兴乙亥（二十五年）
57	高祁等题名	75×35	1155 年	南宋绍兴乙亥（二十五年）

续表

序号	名称	尺寸（厘米）	公元年份	古代年号
58	周品级等题名附	40×22	1155 年	南宋绍兴乙亥（二十五年）
59	张松兑等题记	残高 176×123	1156 年	南宋绍兴丙子（二十六年）
60	盛芹等题记	66×68	1156 年	南宋绍兴丙子（二十六年）
61	黄仲武等题记	80×44	1157 年	南宋绍兴丁丑（二十七年）
62	"绍兴"水位题刻	32×20	1131—1162 年	南宋绍兴辛亥年间
63	姚邦孚题名	36×12	1131—1162 年	南宋绍兴年间
64	向之问等题名	42×32	1167 年	南宋乾道丁亥（三年）
65	王宏甫题名	70×43	1167 年	南宋乾道丁亥（三年）
66	赵彦球等题记	125×85	1167 年	南宋乾道丁亥（三年）
67	贾振文等题名	80×37	1167 年	南宋乾道丁亥（三年）
68	"乾道丁亥"题记	122×50	1167 年	南宋乾道丁亥（三年）
69	卢棠题记	65×93	1171 年	南宋乾道辛卯（七年）
70	陶仲卿题记	71.5×60	1178 年	南宋淳熙戊戌（五年）
71	冯和叔等题名	92.5×84	1178 年	南宋淳熙戊戌（五年）
72	朱永裔题记	123.5×82	1179 年	南宋淳熙己亥（六年）
73	夏敏等题名	87×146	1184 年	南宋淳熙甲辰（十一年）
74	徐嘉言题记	55.5×76	1198 年	南宋庆元戊午（四年）
75	赵时儗题记	50×50	1202 年	南宋嘉泰壬戌（二年）
76	禄几復等题名	96×84.3	1208 年	南宋嘉定戊辰（元年）

续表

序号	名 称	尺寸（厘米）	公元年份	古代年号
77	贾復题记	82×50	1208年	南宋嘉定戊辰（元年）
78	曹士中题名	30×13	1220年	南宋嘉定庚辰（十三年）
79	李公玉题记	105×75	1226年	南宋宝庆丙戌（二年）
80	李公玉再题	110×73	1226年	南宋宝庆丙戌（二年）
81	宝庆丙戌残刻	75×15	1226年	南宋宝庆丙戌（二年）
82	谢兴甫等题名	77.5×62	1230年	南宋绍定庚寅（三年）
83	张霁等题记	136.5×100	1243年	南宋淳祐癸卯（三年）
84	王季和题记	93.5×101	1244年	南宋淳祐甲辰（四年）
85	邓刚等题名	123×51	1248年	南宋淳祐戊申（八年）
86	赵汝廪题诗	84×85	1250年	南宋淳祐庚戌（十年）
87	刘叔子题诗记	127×144	1254年	南宋宝祐甲寅（二年）
88	蹇材望题诗记	75.5×107.5	1255年	南宋宝祐乙卯（三年）
89	何震午等题记	77×97	1258年	南宋宝祐戊午（六年）
90	李可久等题记	52×48	960—1279年	宋
91	徐朝卿题名	66×92	960—1279年	宋
92	贾承福题名	18×36	960—1279年	宋
93	周品级等题名	40×20	1127-1279年	南宋
94	傅端卿题名	130×60	1127-1279年	南宋
95	王老汉题名	68×10	1127-1279年	南宋

续表

序号	名称	尺寸（厘米）	公元年份	古代年号
96	都儒县主簿题名	40×5	1127-1279年	南宋
97	董时彦题名	33×12	1127-1279年	南宋
98	安固题记	残63×37.5	1311年	元至大辛亥（四年）
99	宣矦题记	77.5×40	1329年	元天历乙巳（二年）
100	漆阳留题	57×17	1330年	元至顺庚午（元年）
101	张八歹木鱼记	133.5×95.8	1333年	元统癸酉（元年）
102	刘冲霄题诗记	96.5×66.5	1384年	明洪武甲子（十七年）
103	雷毅题记	76×64	1405年	明永乐乙酉（三年）
104	戴良□诗	50×104	1459年	明天顺乙卯（三年）
105	抄写古文诗记	56×34	1471年	明成化辛卯（七年）
106	姚昌遇等题名	134×106	1465-1487年	明成化年间
107	李宽石鱼记	121.5×96.5	1506年	明正德丙寅（元年）
108	李書□题名	48×6	1506年	明正德丙寅（元年）
109	蒙文题刻	51×13.2	1506年	明
110	黄寿石鱼诗	65.8×41.8	1510年	明正德庚午（五年）
111	联句和黄寿诗	89×56.5	1510年	明正德庚午（五年）
112	张楫诗	59×32.5	1510年	明正德庚午（五年）
113	张橡和黄寿诗	40.5×41	1510年	明正德庚午（五年）
114	罗奎诗并序	80×68 63×138	1589年	明万历己丑（十七年）

续表

序号	名称	尺寸（厘米）	公元年份	古代年号
115	江应晓题诗	110×88	1589 年	明万历己丑（十七年）
116	金国祥题诗	80×110	1589 年	明万历己丑（十七年）
117	七叟胜游	36×86	1627 年	明天启丁卯（七年）
118	王士禛石鱼诗	91×38	1672 年	清康熙壬子（十一年）
119	萧星拱题记	残高 115.2×147	1684 年	清康熙甲子（二十三年）
120	张天如等题字	51.5×27	1684 年	清康熙甲子（二十三年）
121	萧星拱"重镌双鱼记"	224.5×残 95.8	1685 年	清康熙乙丑（二十四年）
122	"预兆年丰"倡和诗	96.4×178.2	1695 年	清康熙乙亥（三十四年）
123	董维祺题刻	90×90	1706 年	清康熙丙戌（四十五年）
	董维祺刻石鱼	40.3×111.7	1706 年	清康熙丙戌（四十五年）
124	罗克昌诗	残高 66.8×143	1751 年	清乾隆辛未（十六年）
125	高浮雕鱼	95.6×275.4	1813 年	清嘉庆癸酉（十八年）
126	张师范诗	65×44	1815 年	清嘉庆乙亥（二十年）
127	送子观音像	45.5×34.5	1876 年	清光绪丙子（二年）
128	白鹤梁刻石	46×96.5	1881 年	清光绪辛巳（七年）
129	谢彬题刻	125×44	1881 年	清光绪辛巳（七年）
130	施纪雲题记	96×81.2	1915 年	民国乙卯（四年）
131	颜爱博等题记	61.5×67.5	1931 年	民国辛未（二十年）
132	民生公司题刻	69.8×46	1937 年	民国丁丑（二十六年）

续表

序号	名称	尺寸（厘米）	公元年份	古代年号
133	傅春题记	47×29.5	不详	不详
134	李從義题记	70×12	不详	不详
135	张拱题记	34×35	不详	不详
136	吴仲一题名	27×37	不详	不详
137	王浩等题名	40×79	不详	不详

表4-2　原地封存题刻目录

序号	名称	尺寸（厘米）	公元年份	古代年号
138	娄檏等题名	132.7×82	1881年	清光绪辛巳（七年）
139	孙海"白鹤梁铭"	78×111.5	1881年	清光绪辛巳（七年）
140	濮文升题记	100×153	1881年	清光绪辛巳（七年）
141	蒋荇等题记	22×20	1882年	清光绪壬午（八年）
142	蒋荇题记	30×33	1882年	清光绪壬午（八年）
143	张师范题诗记	166.5×274.5	1813年	清嘉庆癸酉（十八年）
144	范锡朋"观石鱼记"	143.5×113	1909年	清宣统乙酉（元年）
145	涪陵县文化馆题刻	16.4×40.8	1963年	
146	舒长松题名	95.6×67.5	不详	不详
147	浮雕石鱼	150×53	不详	清代

续表

序号	名 称	尺寸（厘米）	公元年份	古代年号
148	李圍题记	81×48	不详	不详
149	高应乾题记	43×57	不详	清代
150	佚名题诗	20×12	不详	清代
151	高联题记	38×33	不详	不详

表 4-3 离开基岩题刻目录

序号	名 称	尺寸（厘米）	公元年份	古代年号
152	高浮雕石鱼	310×95	1813 年	清嘉庆癸酉（十八年）
153	张师范诗	65×44	1815 年	清嘉庆乙亥（二十年）
154	姚觐元题记	90×40	1875 年	清光绪乙亥（元年）
155	送子观音像	45.5×34.5	1876 年	清光绪丙子（二年）
156	王叔度等题记	92×115	1923 年	民国癸亥（十二年）
157	颜爱博等题记	61.5x67.5	1931 年	民国辛未（二十年）
158	何耀萱白鹤梁记	52.4×58.5	1937 年	民国丁丑（二十六年）
159	"游白鹤梁"	126×69.8	1937 年	民国丁丑（二十六年）
160	刘树培石鱼	18×44.1	1937 年	民国丁丑（二十六年）
161	佚名题刻抗倭	104×34	1937 年	民国丁丑（二十六年）
162	"白鹤時鳴"	91.7×92	1937 年	民国丁丑（二十六年）

续表

序号	名称	尺寸（厘米）	公元年份	古代年号
163	刘镜源对联题刻	下联 134.2×30.3 下联 133.1×30.4	1937 年	民国丁丑（二十六年）
164	刘镜源诗	82×48	1937 年	民国丁丑（二十六年）
165	文德铭诗	110.5×50.5	1937 年	民国丁丑（二十六年）
166	卜算子·游白鹤梁	110×88	1963 年	—
167	林樵题诗	47×69	1963 年	—

2. 其他藏品的征集与维护

"张师范高浮雕石鱼"，是清嘉庆十八年（1813），由涪州牧张师范主持镌刻而成，长 3.1 米，重 3.5 吨，为白鹤梁上体积最大的一尾高浮雕石鱼。在修建白鹤梁原址水下保护工程期间，该高浮雕石鱼由于受到长江水长期冲刷，与白鹤梁岩体脱落，成为与白鹤梁题刻相对独立存在的个体。为了更好地保护好这尾石鱼，2006 年采用异地保护方式，将其打捞并存放于涪陵区博物馆。为让游客能够直接领略石鱼的魅力，同时填补白鹤梁地面陈列展览缺失实物的空白，2012 年 2 月该石鱼运至重庆白鹤梁水下博物馆陈列展示。该石鱼在长期自然营力和人为因素的共同作用下，存在局部零星石质剥落、粉化、裂隙、钙质结垢、生物病害、盐析等多种病害。这些病害不仅破坏了石鱼的艺术价值，而且随着时间的推移将威胁其长久保存。2012 年，白鹤梁水下博物馆委托大足石刻研究院、大足华夏龙都文化艺术开发有限公司，根据石鱼的保存状况及病害的发育程度，依据"最小干预""不改变文物原貌"的文物保养维修原则，对石鱼进行了保养维护。

此外，在设计、制作博物馆陈列的同时，根据展览内容，从重庆中国三峡博物馆借调了清代凤鹤群仙贺寿粉彩大瓷盘，表现中国古代的民俗信仰和审美意趣。征集了白鹤梁岩芯、船桨和反映白鹤梁的老照片、实施文物保护工程中的视频、音频和照片等，这些文物、物件，以实物的形式，更好地向游客展示了白鹤梁的历史。

图 4-11 岩芯标本

图 4-12 清光绪凤鹤群仙贺寿粉彩大瓷盘

图 4-13 老船桨

二、白鹤梁水下博物馆的展陈体系

白鹤梁水下博物馆作为原址类专题博物馆,其将石梁题刻原址、原貌、原环境保存在长江水下40米深处,所存实为千百年来长江文明的历史记忆。现在,虽然石梁不再出水,但通过博物馆综合化展陈手段，我们仍能目睹石梁风姿。

白鹤梁水下博物馆地面与水下展厅面积合计 4580 平方米，展线长度 850 米，实物展品 152 件套，多媒体展项 6 件，互动展项 4 件。展览区域分为岸边陈列展区和水下廊道展陈区。岸边陈列展区分为一楼展区和二楼展区。一楼展区包括序厅、"水下探寻"展区、游客休息区和互动区，二楼展区是博物馆的主要陈列展示区，主要介绍了白鹤梁的水文科学、历史、艺术价值和水下博物馆兴建的艰辛历程。水下廊道展区分为上下廊道展区和原址题刻保护展区，上下廊道展区主要普及与长江流域相关的科普知识，原址题刻保护展区原址原貌展示了白鹤梁题刻。

岸边的以文物知识普及为特色，为水下的实物展示提供理性的知识铺垫，水下的实物展示为地上的文物知识普及提供感性的视听体验，二者互为补充，构成了展览的核心内容。

白鹤梁水下博物馆自 2009 年开馆以来，根据展陈需要先后进行了 4 次陈列展览改陈、调整。

1. 2009 年陈列

2009 年 5 月 18 日，重庆白鹤梁水下博物馆正式开馆，这也是世界首座水下博物馆。为了赶在 2009 年的 5 月 18 日国际博物馆日开馆，各部门人员加班加点完成了陈列布展。展览分为"题刻原状""本体保护""题刻大观""百年大计"四个单元。

图 4-14 水下原址题刻保护区

"题刻原状"用一幅巨大的白鹤梁题刻原貌图,讲述了白鹤梁题刻曾经的沧桑岁月;"本体保护"用动人的照片,讲述了文物保护工作者冒着凛冽寒风,踏着冰冷的江水对题刻进行保护;"题刻大观"用精美的图片、拓片展示了白鹤梁题刻的文学、书法、雕刻艺术和历史价值;"百年大计"用模型、图片展示白鹤梁题刻原址水下保护工程的艰辛历程,和最终建成世界首座水下博物馆所饱含的前沿科技。

图 4-15 2009 年的陈列展览展厅

2. 2011 年改陈

随着时代的发展,公众审美的不断变化,2009 年推出的展览内容出现了趣味性和互动性不强、空间狭窄、布局不够合理等问题。为了完善白鹤梁的博物馆功能,提升接待水平,增强游客的参观体验感,同时助推白鹤梁题刻申报世界文化遗产,2011 年 7 月 11 日对陈列展览及配套功能设施进行提档升级改造。

图 4-16 提档升级后的展厅一隅

改造后的陈列展览扩大展区面积至 4580 平方米，将展厅分为三大部分。

第一部分为序厅。正对一楼大厅入口处，一壁浮雕墙生动地描绘了白鹤梁在冬春枯水季节露出水面的场景，新增高浮雕石鱼——张师范石鱼（1813年）原件在序厅部分展出，丰富了白鹤梁陈列展览的实物展品，让游客一踏进博物馆就感受到白鹤梁的历史文化气息。

图 4-17　序厅

第二部分为二楼展厅，二楼展厅分为四个单元。

第一单元："生命之水"——世界大河文明中的水文观测，用图片的形式介绍了尼罗河、两河流域、黄河、长江等大河流域的水文观测记录，将白鹤梁水文题刻放入世界大河文明中，与古埃及、两河流域中的水文观测进行比较，在世界大河文明中突出白鹤梁题刻的特殊性和独特性。

第二单元："长江之尺"——白鹤梁题刻的科学价值。通过声光电的设计，从古代先民对白鹤梁题刻的考察，一直探究石鱼水标的水文科学价值。增加了白鹤梁模型互动展品，游客能直观地了解白鹤梁的原始坐标、题刻的分布情况。

第三单元："水下碑林"——白鹤梁题刻的人文价值。白鹤梁题刻除了重要的水文科学价值外，还有丰富的人文价值。重庆市级非物质文化遗产——尔朱真人的传说，精美绝伦的书法、雕刻艺术，生动的石梁游春民俗活动都在这一单元展现。

第四单元："三峡明珠"——世界首座遗址类水下博物馆。白鹤梁题刻保护工程是三峡文物保护中的重中之重。通过模型、图片、视频等展示方法，讲述了白鹤梁题刻从保护到修建水下保护体到建设博物馆再到对外开放的艰辛历程。

第三部分，尾厅。尾厅部分为互动区和纪念品销售区。游客可在互动区通过亲自参与的方式，体验中国传统技艺——拓片，以及印制白鹤梁题刻的印章，具有互动性和趣味性；纪念品销售区主要是以白鹤梁题刻为主题，精心设计、制作的纪念品，是宣传白鹤梁的有效载体，也是游客白鹤梁之旅的留念。

图 4-18　互动区

提档升级后的白鹤梁陈列展览将常规的艺术表现手法与声光电等科技手段相结合，陈列展览的手法更加多样化，打破了传统石刻单一、呆板的展示局限，将知识性、趣味性相结合，使陈列展览内容更加丰富，游线更加流畅，凸显了白鹤梁厚重的文化底蕴。同时扩充了休息区和互动体验区，让游客的体验感更强。多媒体的应用使此次展览更加丰富有趣，八屏液显动漫生动形象地再现了古代白鹤梁露出水面，人们在梁上观鱼测水的热闹场面。此次展览让观众对石鱼水标、测量方式更加了解,从视觉上更加多源地展示了白鹤梁。此外,利用科学技术设有电子感应互动区,观众可以感受白鹤梁上观鱼测水、捞鱼踏春的乐趣。加之模型、观景窗等的增设,让观众更加直观地了解白鹤梁的全貌以及白鹤梁的现状。

图 4-19　八屏液显水墨动画展示古时观鱼测水的繁忙

为了满足观众的多样化需求和把博物馆文化带回家的欲望,提档升级后的白鹤梁水下博物馆陈列展厅增设了互动区和纪念品销售区。游客可以在互动区体验中国传统工艺——拓片制作,盖上具有白鹤梁题刻的印章,VR体验穿越古今,遨游水下博物馆触摸题刻的真实感,也可以将自己喜欢的具有白鹤梁元素、涪陵特色、重庆特色的文创产品带回家。

3. 水下廊道改陈

白鹤梁水下博物馆的水下部分由上下游斜坡廊道、交通廊道和参观廊道组成。水下展陈在 2009 年开放后没有进行调整,内容过于单调、乏味,不能满足游客参观的需求。白鹤梁水下博物馆于 2014 年 7 月 14 日正式闭馆,对参观廊道的观测窗玻璃进行更换。利用这一时机,博物馆开始着手对水下廊道陈列展览进行了改造。

上下游斜坡廊道连接着地面展厅和水下题刻原址区，是进入水下参观的必经之路，承载着观众的期待。斜坡廊道均长91米，垂直高度约40米。用声光电技术，生动形象地还原古时冬春枯水时节蓝天、白云、白鹤飞翔的鉴湖情景，营造即将踏上白鹤梁题刻原址游览的氛围。同时，在右侧投射水尺，标注当日的实时水位。让观众在乘坐电动扶梯时，知晓是否进入长江水下，并用蓝色灯光增加水下氛围。

图4-20　提档升级后的斜坡廊道天幕景象

上下游水平廊道分别长138米、146米，是进入原址参观区提前预热的区域。白鹤梁与长江息息相关，在两侧水平廊道的展览内容均与长江有关，分别为长江鱼类、长江舟船。

"长江鱼类"展示长江丰富多样的鱼类。现已记载的长江鱼类近三百种，约占我国淡水鱼的三分之一，但随着经济建设的加快，鱼类生存的环境也越来越严峻，如白鳍豚已生物性灭绝，白鲟等珍稀鱼类也濒临灭绝。为了唤起人们对生态环境的保护，在上游水平廊道用图版、视频的形式展示长江流域的珍稀鱼类、常见鱼类等，并描述其所属科目、地理分布、形态特征和生活习性。

图 4-21　提档升级后的上游交通廊道"长江鱼类"展陈

"长江舟船"展示长江古今的船舶。长江是我国的重要交通要道,横贯东西,从青藏高原到吴淞口。江上航行的船舶有着悠久的历史,从史前时期的原始木筏和小船,到今天的游轮等高科技船舶,经历了几千年的漫长演变。人类无穷的智慧和发明创造力,在船舶上得到了完美体现。无论是历史上的第一个小木筏,还是今天用钢铁和高新科技造就的大型船舶,都有一个共同点,它们是人类建造的交通工具。在下游水平廊道用图版和视频为游客讲述从古到今的长江船舶,感叹人类的创造力,回顾历史。

同时,为了增强水下廊道的趣味性和体验感,在上下游水平廊道右侧各增添3D互动。白鹤梁水下博物馆水下廊道陈列展览改陈,让游客更多地了解长江流域的生态环境和人文环境;水下廊道蓝色灯光的营造,让人仿佛置身水中;长江鱼类和舟船的知识科普,寓教于乐,得到了游客的一致好评。

4. 一楼新增展陈

白鹤梁保护体内的题刻是白鹤梁水下博物馆的核心,水下设备的维护和题刻的清洗需要专业潜水员通过潜水舱进入保护体内来完成。白鹤梁水下博物馆是世界首座水下博物馆,它的维护及设施设备的使用都无先例可循。通过多年探索,白鹤梁水下博物馆在

图 4-22　提档升级后的下游交通廊道"长江舟船"展陈

运行中总结经验,形成了独有的一套运行系统。水下灯光的三次改造,水下参观窗玻璃的更换都运用了大量的特殊工具和设施设备。为了将老百姓平常难以接触的特殊设施设备展示出来,同时丰富博物馆的展陈内容,2015年白鹤梁水下博物馆新增"水下探寻"展区,展示水下作业所使用的特殊设施设备。

"水下探寻"展出的独特工具有参观窗玻璃。白鹤梁题刻位于长江水下40米深处,如何承受巨大的水压?通过反复试验,最后选用8厘米厚度双层抗压航空玻璃作为参观窗的材质,既解决了水压的问题,也解决了水下参观的问题。展览展出了两代玻璃观察窗,观众可以近距离触摸并了解水下玻璃窗的材质。水下灯光照明系统经过了三代更换,从第一代的铝合金材质到暖白光技术,再到现在的冷白光,水下照明系统的不断升级让题刻能更加清晰地展现在游客面前。如果有观众好奇,如何在长江水下40米深处更换设施设备、会使用哪些工具,在"水下探寻"里,他们就完全可以找到答案。

白鹤梁水下博物馆的陈列展览,展线流畅,突出了白鹤梁的水文科学、历史、艺术等价值,更是将世界首座水下博物馆从设计到建造的过程进行展示,被评为全国水利博物馆联盟十大精品展览。

图 4-23 "水下探寻"展区

三、白鹤梁题刻文化传承

（一）强化宣传教育，树立白鹤梁文化品牌

白鹤梁题刻水下原址保护工程是世界水下文化遗产保护领域的首例，是中国智慧、文化自信的体现。加强学术研究，深挖白鹤梁题刻的文化内涵，团结专家队伍，更好地吸取各个方面、各个领域专家学者的意见和建议，可以为水下博物馆的建设发展把脉定向，有利于博物馆的长远发展和人才队伍的培养。为此，博物馆一方面要走出去，参加国际国内重要的学术会议，另一方面要筹备召开一系列学术会议，共同探讨白鹤梁题刻的保护与利用，宣传白鹤梁题刻文化，打造文化品牌。

1. 召开学术研讨会

学术研讨会是一种促进科学发展、学术交流、课题研究等的学术性会议，有利于专家、学者在会议上交流互鉴。从 2010 年召开"水下文化遗产保护展示与利用国际学术研讨会"以来，白鹤梁水下博物馆先后举办学术研讨会四次。其中"2015 年白鹤梁·内水文化遗产保护与利用国际学术研讨会"，聚焦国际水下文化遗产的保护与利用方面的典型案例、法律公约、保护技术、展示利用等热点问题进行讨论，气氛热烈，反响良好。"2016年白鹤梁题刻文化与保护管理学术研讨会"，则涉及议题更广，共有来自全国各地相关科研机构、高等院校50余名从事建筑、水利、文化、遗产保护、水下考古等研究领域的专家学者参会，大家支实招、荐真言，一些观点意见直接为后来保护展示所采用，此次会议论文后经精选编成《白鹤梁题刻求索集》公开出版发行。2019年召开的"传承与发展——新时代水文化遗产保护和利用学术研讨会"，也是一场全国水利博物馆联盟会议。会议围绕如何讲好水利故事，以及水文化遗产价值、水文化文物征集展示等多个命题展开研讨，此次会议的举办不但普及了水利知识、传承了水利文化、弘扬了水利精神，而且为推动水文化遗产的保护展示提供了经验，在学界产生强烈共鸣。2020年召开的"白鹤梁·世界文化遗产可持续发展学术研讨会"是涪陵中国农民丰收节系列活动之一，会议参与度更高，议题更为集中，参会代表无论是从理论、方法上，还是对于具体问题的实证上，都提出了不少新的见解，对推动白鹤梁题刻申报世界文化遗产和全国文化遗产的可持续发展意义深远。

学术研讨会已经成为白鹤梁开拓管理、研究视野，扩大社会知名度，解决发展难题的重要手段之一，且随着新发展理念在博物馆提档升级过程中的融入，其作用还将更加

图 4-24　2010 年水下文化遗产保护展示与利用国际学术研讨会

图 4-25　2015 年白鹤梁·内水文化遗产保护与利用国际学术研讨会

凸显。因此,连续又主题鲜明的学术会议仍将在白鹤梁今后的发展过程中扮演重要角色。

2. 结合传统节庆开展宣传活动

博物馆的一项重要功能就是宣传和教育,白鹤梁题刻有着悠久的历史文化内涵,依托白鹤梁特有文化资源,结合传统节庆举办丰富多样的活动,对弘扬和传承优秀传统文化、扩大博物馆影响力和知名度、提升博物馆形象,都有很好的作用。

(1) 白鹤梁丰收节系列活动

千百年来,白鹤梁上"石鱼出水兆丰年"一直广为流传。石鱼最早刻于唐代广德二年(764)以前,作为水位标尺来观测长江枯水位的变化,后来演化出预测农事丰歉的民俗。白鹤梁石鱼作为丰稔物阜的象征,表现出了人们游乐之外的信仰,寄托着人类改造生活、祈求兴旺繁盛的强烈愿望。白鹤梁与丰收紧密相连,是白鹤梁题刻的一大突出价值。

2018 年 9 月,白鹤梁水下博物馆连续举办以"石鱼出水兆丰年"为主题的白鹤梁·中国农民丰收节系列活动。活动内容丰富多彩,"普天同庆·丰收歌舞汇",为人们献上丰收的艺术盛宴;"鱼兆年丰·主题论坛",升华白鹤梁所蕴含的中华优秀传统文化,挖掘提炼白鹤梁水下博物馆在当代的重大意义;"大河共舞·月饼 DIY",让来自世界各国的留学生感受中国传统文化，让世界了解中国农民的节日；"题铭者后代访谈"，寻访了《白鹤时鸣图》《施纪云题记》等白鹤梁题铭者的后代，凸显白鹤梁作为中华文明代代相传、薪火相惜，展现白鹤梁活在当下、服务当代的责任担当；"薪火相传·主题研学活动"，让中小学生参观、了解白鹤梁水下博物馆的同时，聆听丰收节文化讲座，让学生们体验传统文化魅力，感受别样丰收体验；"丰收画卷展"中艺术家们从不同视角，生动展现新时代新农村新成果；"同观石鱼·共庆丰收"回味石鱼出水农民欢欣鼓舞的过往，让传统文化融入新时代新农业，将丰收节回归到农民主体、农业发展上来。2020年，白鹤梁·中国农民丰收节成为涪陵区委区政府主办的"同观石鱼·共庆丰收"重庆涪陵白鹤梁文化节，将每年举办。

图4-26 "同庆石鱼·共庆丰收"首届重庆涪陵白鹤梁文化节现场

白鹤梁·中国农民丰收节系列活动，是一场别开生面的艺术盛宴。当代博物馆人将石梁上流传的传统丰收习俗，以丰富的节庆活动形式展现出来，既教育影响新生一代，又弘扬传承了白鹤梁文化。丰收节系列活动的举办，对外宣传了白鹤梁文化、涪陵文化，展示了白鹤梁水下博物馆的良好形象；对内形成了保护文物的强烈意识，进一步推动了传承优秀传统文化的良好氛围。

图 4-27　庆祝中华人民共和国成立 70 周年暨白鹤梁·第二届中国农民丰收节启动仪式

（2）春季"人日修禊"系列活动

白鹤梁上保留着大量巴渝民俗材料，如古时候，"人日"这天，即每年的正月初七，当地人即赴白鹤梁游春踏青、登高饮酒、吟诗作赋、祓除不祥、捞鱼生等。

"修禊"，是中国古代源远流长的时令习俗。杜甫《丽人行》道："三月三日天气新，长安水边多丽人"，描述的就是人们在春季来到河边沐浴浣衣，洗尽旧年的污浊，迎接新一年的修禊习俗。白鹤梁题刻中保存着修禊习俗的题刻内容。

为唤起对传统文化的记忆，自 2013 年以来，白鹤梁水下博物馆每年都会举行"人日修禊"系列活动，将古时石梁上的民俗活动代代相传的同时，形成独特的节庆活动，也让更多游客体验不一样的白鹤梁之旅。

"人日修禊"系列活动以"呼唤'人日'记忆、回眸历史乡愁""追溯长江历史 弘扬历史文化""博物馆里品年味，'人日修禊'忆乡愁""白鹤梁人日修禊新春祈福游"等不同主题，举办各具特色的各类活动。游客在畅游博物馆、感知白鹤梁文化的同时，还可参与心愿墙祈福、猜传统灯谜、白鹤梁记忆、游园拍照、白鹤飞镖、鱼跃龙门、灌篮高手、幸运大转盘、印章体验、拼图游戏等趣味活动。

灯谜又称文虎，猜灯谜，亦称打虎、弹壁灯、商灯、射、解、拆等，但人们都习惯用"灯谜"一称。灯谜是写在彩灯上面的谜语，谜语来源于中国民间口谜，后经文人加工成为谜，在中国源远流长。三国时期，猜谜盛行。在宋代出现了灯谜。人们将谜条系于五彩花灯上供人猜。明清时代，猜灯谜在中国民间十分流行。灯谜是中国古代劳动人民智慧的结晶，是中国传统文化中的一门综合性艺术。每年的人日修禊系列活动中，白鹤梁将特有的石鱼元素与灯谜相结合，设计、制作数百条"人日"谜语，供游客猜谜赏玩。

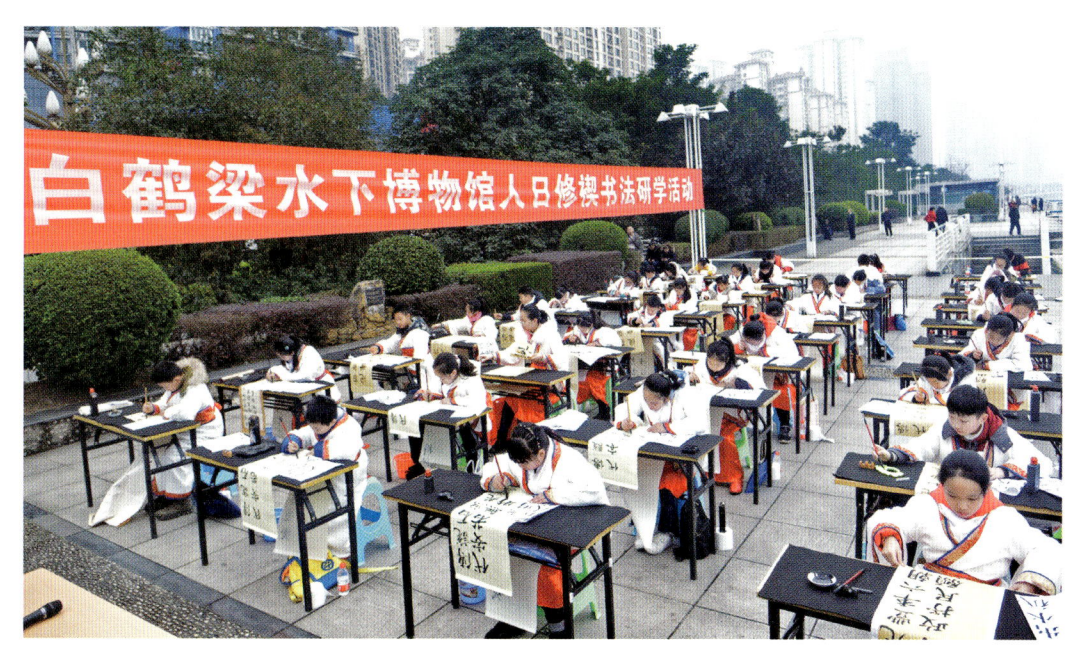

图4-28 白鹤梁"人日修禊"书法研学活动现场

"心愿祈福"的民俗由来已久，可追溯到唐以前。人日时节，古涪州老百姓相约白鹤梁，观双鲤石鱼，祈求石鱼出水第二年风调雨顺、庄稼大丰收、百姓生活安居乐业。一些已婚善男信女，来到白鹤梁，跪拜送子观音，祈求多子多福……当地传统习俗一直流传至今。一张张色彩缤纷的石鱼卡片粘贴在心愿墙上，书写着对家人、朋友深深的祝福，以及对自己未来生活的憧憬，寄托了人们最美好的新年愿望。

广大市民和游客朋友们积极参与、乐在其中，在浓郁的新年气氛里，唤起了对传统文化和历史乡愁的记忆。每年的"人日修禊"系列活动，都能吸引成百上千人参与到活动中来。"人日修禊"系列活动形成了白鹤梁的文化品牌，成为展示城市文化形象的一张靓丽名片。

（3）特色研学活动

2016年，教育部联合当时的文化部、国家旅游局等11个部门下发了《关于推进中小学生研学旅行的意见》（以下简称《意见》）。《意见》中将中小学生研学旅行定义为由教育部门和学校有计划地组织安排，通过集体旅行、集中食宿方式开展的研究性学习和旅行体验相结合的校外教育活动，是学校教育和校外教育衔接的创新形式，是教育教学的重要内容，是综合实践育人的有效途径。2020年，教育部、国家文物局发布《关于利用博物馆资源开展中小学教育教学的意见》，指出各地博物馆要坚持"展教并重"，策划适合中小学生的专题展览和教育活动，经常性组织开展参与面广、实践性强的博物馆展示教育活动。同时提出要丰富博物馆教育内容，开发博物馆系列活动课程。充分挖掘博物馆资源，研究开发自然类、历史类、科技类等课程。经过几年的摸索，白鹤梁水下博物馆探索出了一套研学实践教育经验，2018年评为全国中小学生研学实践教育基地。

研学实践教育活动的目的是让学生接触社会和自然，在研学实践中学习文化知识，培养生活技能、集体观念、创新精神和实践能力，养成自理自立、文明礼貌、互勉互助、吃苦耐劳、热爱家乡、热爱祖国的优秀品质，以及增强文化自信和民族自豪感。白鹤梁水下博物馆在研学方面有着独特的资源，在研学宣传中，博物馆主要围绕以下几点开展工作：一是独特的长江标准眼；二是刊刻在石梁上的长江史书；三是精美的书法艺术；四是

图4-29 评为全国中小学生研学实践教育基地

世界首座水下博物馆。白鹤梁题刻完好保存在长江水下40米深处，游客可在长江水下清晰地看见古人遗存。而水下博物馆的建设可谓前无古人，后无来者，经过多年的摸索、探究，题刻原址水下保护工程已形成了一套具有自身特色的运行系统，如循环水系统、水净化系统、潜水作业系统、灯光照明系统等，这些都是独一无二的宣传资源。

2018年重庆白鹤梁水下博物馆成为全国中小学生研学实践教育基地以来，开展了一系列的研学实践活动，以白鹤梁题刻为载体，讲述白鹤梁题刻1200多年的悠久历史、以"石鱼水标"为代表的"长江标准眼"的水文科学价值、以"水下碑林"为代表的文学艺术价值、以"家国情怀"为代表的敢于担当的精神、"世界首座水下博物馆"为代表的当今高科技文物保护工程。

除讲述白鹤梁的重要价值以外，白鹤梁水下博物馆的研学活动还设置了小课堂，为中小学生普及科学文化知识。针对小学阶段的学生，主要以简单、通俗的课题为主，增加趣味性，例如"最危险的美味——河豚""夜行者——蝙蝠""潜水舱的奥秘"等；针对中学生则要培养他们的探索精神，开展了"重庆水情""宋代茶事"等家乡素材和传统文化的课程。

所谓研学就是让学生在旅行途中获得收获，学习书本上学不到的东西。研学实践的

目的是让学生在亲自实践的基础上收获知识。"读万卷书，不如行万里路"，书本能让人学识渊博，但是学生不能单纯地从书本上汲取知识，要扩宽视野、丰富知识面就必须将书本的知识与实际结合，而不是"纸上谈兵"。因此，白鹤梁水下博物馆精心制作了研学手册，设计了10余条精品研学线路，包括半日课程"探秘第一古代水文站"；一日课程"涪风寻古""巴渝文化""石刻文化""重庆水情"；两日课程"水文化遗产"；三日课程"南方喀斯特""成渝双城经济圈研学游"；一周课程"大美三峡""壮美河套"等，从白鹤梁文化、涪陵本土文化、水情教育、三峡文化等方面丰富孩子们的知识，让他们在行中学。

图4-30　研学拓片体验

在开展研学实践活动时，还要增加学生的动手能力，要有体验感。因此，白鹤梁水下博物馆在研学活动中增加互动项目，让学生们在做中学。

拓片：拓片技艺是中国的一项传统工艺，白鹤梁题刻的留存大多都是以拓片的形式流传下来的。白鹤梁水下博物馆特地制作了"双鲤石鱼""白鹤梁""白鹤时鸣"等研学拓片50块，让学生在实践中体会中国传统文化的博大精深。

VR体验：白鹤梁保存在长江水下40米处，人们已无法再踏上石梁，触摸千年历史，也不能像潜水员一样进入罩体内部。通过VR体验的方式，可以还原古人观鱼测水、题铭江心的场景，也可以让孩子们感受远古的白鹤梁；深入长江水下40米，像潜水员一样遨游在保护体内部，一起寻找深藏在水下的题刻……每个场景都能让孩子们身临其境，有真真切切的感知。

研学实践教育活动的开展，对于白鹤梁是一个新的课题，博物馆将进一步丰富研学旅行项目的课题开发、团队建设、手工技艺等，将研学活动做出成效，做成品牌。

图 4-31 "我们渴望的水"研学活动

（二）拓展功能，服务大众

博物馆是一个征集、保藏、陈列和研究自然和人类进化变迁的见证物，是为公众提供知识、教育和欣赏的文化教育机构。博物馆的功能就是对文物进行科学研究，通过举办陈列展览，传播历史和科学文化知识，对人民群众进行爱国主义教育和社会主义教育，提高全民族的科学文化水平。随着社会和时代的变化，人们思想的转变，知识的积淀不仅仅来源于学校课堂，也来源于社会这个大课堂。博物馆作为不可或缺的文化场所，实现馆校合作，将"流动博物馆"送进校园已成为大势所趋。传播历史文化、普及科普知识、寓教于乐成为博物馆教育的延续。

白鹤梁水下博物馆自 2009 年开馆以来，致力于常设陈列展览的知识拓展，辅以临时展览、游客休闲、娱乐等功能场所，为游客提供免费讲解和一流服务。

白鹤梁水下博物馆是国家首批水情教育基地。2018 年，白鹤梁水下博物馆加入联合国教科文全球水博网络，并在荷兰、西班牙国际会议上对白鹤梁进行了介绍，意大利杂志《亚特兰蒂斯》专题专版宣传白鹤梁。在"世界水日""中国水周"期间，开展"白鹤梁·一江碧水，家乡的河""清且涟漪——水与我们的未来"系列水情科普活动，开设"重庆水情""你知道"水危机"吗？""保护水资源"等专题课程，呼吁人们树立节水、爱水、护水意识。

图 4-32　国家水情教育基地

图 4-33　"一江碧水.家乡的河"活动

图 4-34　"清且涟漪——水与我们的未来"展览入选国家文物局 2020 年社会主义核心价值观主题展览推荐项目

图 4-35　"清且涟漪——水与我们的未来"展览现场

2019 年 10 月，中共重庆市委、重庆市人民政府授予白鹤梁水下博物馆"重庆市爱国主义教育基地"称号。"长江史书——新中国 70 年·我和白鹤梁""清且涟漪——水与我们的未来"展览分别入选国家文物局 2019 年、2020 年 100 个核心价值观主题展览推荐项目。

白鹤梁水下博物馆作为"全国科普教育基地"，不断拓展，创新形式，突出公众参与，增强互动体验，以强有力的服务大众意识，发挥了博物馆科普教育职能。通过专栏、展板形式，VR、印章、拓片体验等方式，让学生自愿走进博物馆，探索博物馆。同时，加大课堂教学力度，积极开发"最危险的美味——河豚""能源新贵——页岩气""沉睡的能源——可燃冰""黑白间的信息"等 10 余个课程，深受中小学生欢迎。通过请进来、走出去的方式,让"流动博物馆""流动小课堂"走进学校、军营、社区、乡镇,大众参与性极高。

图 4-36 "长江史书——新中国 70 年.我和白鹤梁"获评 2019 年"弘扬优秀传统文化、培育社会主义核心价值观"100 个推荐项目

图 4-37 "长江史书——新中国 70 年·我和白鹤梁"展览现场

  白鹤梁题刻不仅具有重要的水文科学价值和历史、艺术价值,其题刻还充满顺天道、劝农桑、节用爱民、清廉行政的民本政治哲学思想,闪耀着中华优秀传统文化的光芒。2018 年,重庆白鹤梁水下博物馆成为重庆市爱国主义教育基地,一直发挥着爱国主义教育功能,传播先进文化、倡导社会主义核心价值观,激发群众爱国热情、培育民族精神。重庆市医药卫生学校、涪陵区妇联、璧山区审计局、江津区人民政府等 30 余个单位到白鹤梁水下博物馆开展爱国主义教育。

图 4-38 全国科普教育基地

图 4-39 赴巴南区石龙中学巡展现场

白鹤梁文化遗产是巴渝历史的文化积淀，更是长江文明的悦耳音符，是中华民族优秀传统文化的组成部分。水下博物馆的建设一方面为地方打造文化品牌、推广特色文化、构筑和确立城市精神、树立特色鲜明城市形象提供了着墨平台；另一方面，其建设也造福了当地居民，吸引了文化人才，发展了文化产业，直接推动了地方社会发展。当然，也不容否认，水下博物馆建设过程中仍存在一些问题，比如，文化与旅游的深度融合仍不够，文物展示利用的综合程度不高，藏品建设尚未形成体系等。针对上述问题，今后将通过理顺考古发掘部门文物研究与水下博物馆文物展示之间的关系，将考古所得和研究所得，源源不断地充实到博物馆展线当中，形成文物发掘、研究、展示、利用的良性循环，最终助推水下博物馆的可持续发展。

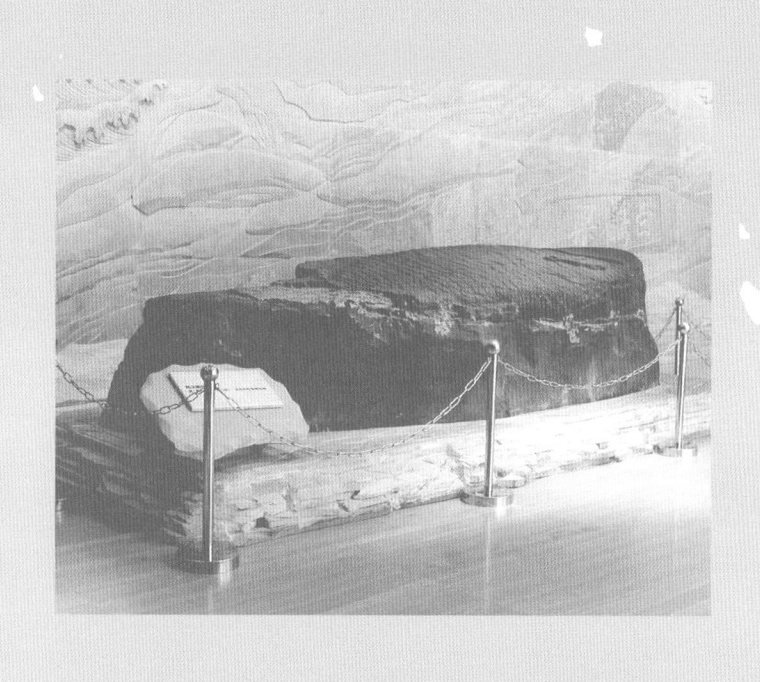

第五章：白鹤梁题刻保护管理的可持续发展研究

白鹤梁题刻具有突出的历史、艺术和科学价值，体现了中国古人的智慧，以独特的方式呈现出中华文化对于人与自然关系的认识，是中华优秀传统文化的典型代表。在我国社会进入新的发展阶段的背景下，研究如何进一步加强文物保护，深化文化遗产研究，提升保护管理水平，大力弘扬白鹤梁题刻文化，实现文物保护事业的可持续发展，意义十分重大。

　　可持续发展是 20 世纪后期提出并很快成为全球性共识的新的发展理论和发展战略。1987 年，联合国世界环境与发展委员会发布《我们共同的未来》报告，将可持续发展定义为："既能满足当代人的需要，又不对后代人满足其需要的能力构成危害的发展。"进入 21 世纪以后，可持续发展观念无论是在理论研究还是实践层面都已取得了十分可喜的成果。文化遗产是全人类的共同财富。习近平总书记强调：保护文物"功在当代，利在千秋"。《中华人民共和国文物保护法》确立的"保护为主，抢救第一，合理利用，加强管理"文物工作方针，其宗旨就是要确保文化遗产得到有效保护，让文明传承有所依据，让文化遗产为当代人和子孙后代永续利用。白鹤梁题刻及其所承载的厚重的历史文化，是中华优秀传统文化的重要组成部分，是人类智慧的结晶，是全人类的共有财富，白鹤梁题刻保护管理应遵循可持续发展的要求，充分协调当前与今后、保护与利用、继承与发展等关系。

　　白鹤梁题刻被誉为"保存完好的世界唯一古代水文站"，又有"水下碑林"之称。研究白鹤梁题刻保护管理的可持续发展，必须首先分析白鹤梁题刻的文化特性、文化价值，进而提出保护管理的目标、途径，以及实现目标的保障措施。

一、水文遗产考察

人类的生存与水密不可分，江河湖海是人类最经常接触的水源。在人类及其文化的起源、发展和演化过程中，人们的生活、生产活动都离不开江河湖海。人类择水而居，了解水、利用水、因水而生。同时，人类克服水灾、水患，积累了大量经验。虽然大多数文化遗产都能找到与水相关的证据，但是直接反映水文文化的遗产却为数不多。水文是指自然界中水的分布、变化规律，水文遗产指的是历史上人类对水文进行观察、研究留下的见证物。白鹤梁题刻有大量水文观察、记录、研究的内容，且延续时间长，文化内涵丰富，是水文遗产的杰出代表。对比考察古代水文遗产及其保护状况，可以为白鹤梁题刻保护管理工作提供有益的借鉴。然而，我国关于水文遗产的研究著述尚不多见，系统性的研究有待开展，这方面的参考文献较少。

北京大学考古文博学院孙华教授领衔的团队，受重庆市涪陵区人民政府委托，于2012年编制完成了《中国世界文化遗产预备名单更新申报文本——白鹤梁题刻》（以下简称《申遗文本》），对国外及国内的相关水文遗产进行了考察、研究，进行了一些分类和比较，特别是对古埃及时代的尼罗尺的考察研究，在国内尚属首创。鉴于该报告尚未正式出版，征得孙华教授同意，将有关研究结果概略引述于此。

《申遗文本》介绍的古埃及使用尼罗尺进行水位测量，其历史超过5000年，年代跨度达1300多年，是目前已知的世界上最早开始水位观测的水文遗产。尼罗河是古埃及文明的母亲河，每年6月至10月，尼罗河定期泛滥，所带来的肥沃淤泥，成为古埃及人栽培作物的营养来源。由于水位较高会带来较多的肥沃淤泥，来年农作物收获因此增加，政府收取赋税也就会随之增高；而太大的洪水又会带来摧毁农田和灌溉设施等灾难，影响作物收成和政府税收。因此，观测尼罗河的洪水量并预测当年的税收额度是古埃及统治者的一项重要工作。文本中写道：

"早在公元前3000年前，埃及神庙的祭司们就开始观测尼罗河水位，他们发明了一种水位测量标尺作为测量尼罗河水位的工具——尼罗尺，利用它来测量尼罗河水位，并通过水位与作物收获关系的经验来确定税收额度。早期的尼罗尺也许就是一根有刻度的芦苇秆，以后为了更准确地测量水位和恰当地确定税额，开始将尼罗尺固定在可以测量河水的神庙旁或刻在石壁上。在尼罗河的一处崖壁上至今还保存有公元前2200年时所刻水尺，大象岛的尼罗尺的早期遗存（不晚于公元前1479—前1425年间），就是这时期尼罗尺的遗留。"

"尼罗河畔历史上曾至少有20个尼罗尺，沿河间隔设置，水位记录保留在宫殿和寺庙的档案室里。留存下来的尼罗尺已不多，它们有三种形式：第一种尼罗尺即最简单的尼罗尺，是一个垂直地淹没在河水里的柱子，柱子上有刻度指示水量，如罗达岛的尼罗尺；第二种尼罗尺是一段通往河水的台阶，台阶两侧的墙壁上刻有刻度，如大象岛上的尼罗尺；第三种尼罗尺是将其置于岸上寺庙的水井或水池中，通过长距离的渠道或涵洞使之与尼罗河水相通，典型的例子是康翁波神庙的尼罗尺。"

图 5-1　埃及开罗罗达岛尼罗尺

图 5-2　埃及阿斯旺大象岛莎狄特神庙尼罗尺

图 5-3　埃及阿斯旺康翁波神庙尼罗尺

关于白鹤梁题刻与古埃及尼罗尺的比较，《申遗文本》认为：

"中国的白鹤梁题刻与埃及尼罗尺都是古代观测水位的人类杰作……但二者在观测手段、观测主体和文化内容上均存在着显著的差异：首先，在观测手段上，中国的白鹤梁题刻是利用石鱼水标作为标志水位的基准点，根据石鱼与水位的相对高差关系来记录枯水的变化，并以之预示丰歉收成，这是具有唯一性的伟大创举，其所依据原理和现代水位站测量水位升降数据的原理完全相同；埃及尼罗尺则是通过水尺来观察水位变化，通过水位与水尺的刻度关系来测量水位，并以水位高低来决定来年税收的高低。中国白鹤梁题刻的水位数字记录是镌刻在天然的石梁上，记录的文体和字体具有文学性和艺术性，可供时人和后人欣赏；埃及尼罗尺的水位数字是雕刻在人工的建筑上（或记录在其他载体上），记录是采用纯数字记录的方式，只作为档案而非文学和艺术作品。其次，埃及尼罗河的水位观测都是由寺庙的专职神职人员来承担，水文数据只供统治阶级内部作为征收赋税的参考，不对公众公布，具有神秘性和封闭性。中国白鹤梁题刻的水位观测则是由当地地方官乃至于一般平民承担，将水文观测记录与当地民众的节庆活动结合起来，使其具有世俗性和开放性。正是由于这一特性，使得白鹤梁古水文题刻具有官民互动的特点，渔民和船工当发现石鱼露出水面时就会主动上报官府，当地官员和百姓就会及时登临白鹤梁观看并记录实时枯水情况，并在石梁上举行民俗活动。从而使得观看'石鱼出水'成为一项当地官民都喜闻乐见的民俗而长期沿袭。"

中国的水文测量有悠久的历史，甲骨文中就有关于河流涨水的记载。不算古文献中的反映，仅看现存的水文遗迹，数量也不少。四川都江堰出土的石人，是公元前3世纪李冰在四川都江堰引水工程中用来观测水位的；隋代则把石人水尺改为木桩和石碑式刻划水尺，称水则或水尺。我国南方地区的河流密布如网，沿河居民历代都有把最高或最低水位及其出现时间，刻写在河岸的石崖上，记录洪、枯水位，我们称之为洪水题刻、枯水题刻。仅以长江为例，作为专门的水文记录的遗产，即洪水题刻和枯水题刻，为数众多，且洪水题刻多于枯水题刻。

在长江上游，特别是今天的重庆地区长江河段中，有着数量庞大且内涵丰富的枯水题刻，构成中华文化遗产的一道靓丽风景。除了白鹤梁题刻内容特别丰富外，同样作为枯水水位记录的古水文题刻还有江津莲花石、巴南迎春石、朝天门灵石、渝北耗儿石、丰都龙床石、云阳龙脊石、奉节小滟滪堆等。这些水文题刻共同的特点是刻写在江中的巨石上，伴随着水文记录的，还有大量民俗活动和经济社会方面的直接或间接的记载，内容不仅限于水文记录，更是地方历史、文化的珍贵资料库，具有重要的文物价值。

另在中国东南地区太湖、钱塘江流域及东南沿海区域，最晚在宋代时就已经运用"水则"来观测水位，保存年代最早的是浙江省宁波鄞县"平字碑"水则。

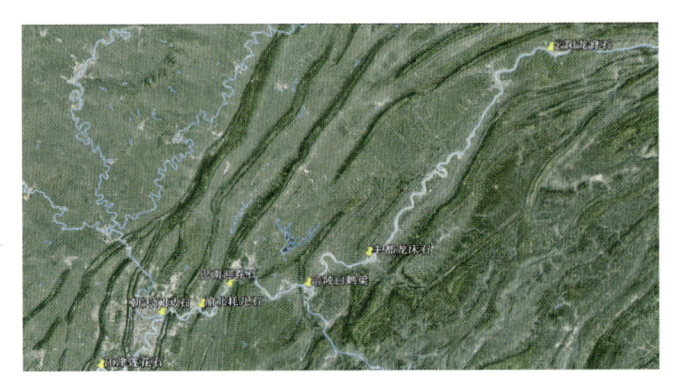

图 5-4 长江三峡地区重要枯水题刻分布示意图

图 5-5 中国浙江省宁波市"平字碑"

二、发展基础

白鹤梁题刻从宋代进入文人士大夫关注的眼光，到清代受到爱好者的追捧，再到民国时期成为科学研究的对象，特别是改革开放以后和实施三峡文物保护工程以来，白鹤梁题刻的价值逐渐被挖掘，日益凸显其重要地位。因其重要的历史、艺术和科学价值，被国务院公布为全国重点文物保护单位，被联合国教科文组织列入中国世界文化遗产预备名单。

白鹤梁水下博物馆的建设，为白鹤梁题刻保护管理及可持续发展，奠定了坚实的物质基础。我国经济社会飞速发展，人民对美好生活的向往与追求，为白鹤梁题刻这样的珍贵文化遗产的保护与发展，提供了强大动力和保障。

（一）白鹤梁题刻具有重要而独特的价值

白鹤梁题刻始于唐广德二年（764）以前，现存题刻165段，1万余字，它是长江三峡地区枯水石刻群最典型的代表，它记录了长江1200多年来72个年份的枯水水文资料，有"世界第一古代水文站"之称，是世界大河文明中至今保存完好的并为今天水利事业所参考的古代"水文站"的实例，这在全世界都是绝无仅有的。160余段题刻，被称为"水下碑林"，内涵极为丰富，不仅有数百位历代文人的墨宝，艺术价值突出，更反映了各个时期的人文历史，是正史的重要补充，历史价值非同小可。以在天然石梁上刻鱼为标的独特方式，记录长江历代枯水水位的水文记录方式，形成了108段具有水文价值的枯水题刻，独步天下，极具创造性、系统性、连续性，其科学价值值得不断研究、总结。

中国古代先民用雕刻的石鱼眼睛作为测量水位的标准点，用文字简洁清楚地将石鱼距水的距离、出水时间以及观鱼者、记录者等人员的姓名、官职，一一记录下来，镌刻于石梁上。这种记录水文的方式，记录的内容，都与世界其他文明不相同，是一种基于中国传统文化的独特创造。创造这种独特水位记录方式的人们，把枯燥的数字记录变成富有文化和艺术内涵的艺术创作，并将其与观看石鱼出水、预测丰收等当地民俗活动结合起来，使这些记录成为当地人们的自觉行为，从而具有长久的生命力。

（二）白鹤梁水下博物馆建设为保护工作奠定坚实的基础条件

白鹤梁题刻是中国古代先民创造的天才杰作，白鹤梁水下博物馆则是现代中国人民卓越非凡的创造成果。本书第二章已介绍，长江三峡水利枢纽工程的建设，使三峡库区水位发生改变，也将使白鹤梁题刻永久淹没于水下。让白鹤梁题刻长久淹没于水下，无异于将其彻底埋葬；将题刻分段切割，搬迁至博物馆保管和展示，也将改变题刻原生环境，无法保证白鹤梁题刻历史、艺术和科学价值的整体发挥，白鹤梁题刻的真实性和完整性也无法保存。我国科学家创新性地提出了"无压容器"的保护方式，通过水下保护体、交通及参观廊道、地面陈列馆三个部分的综合构建，实现了在长江水下40米白鹤梁题刻原址原貌原环境保护和展示。白鹤梁题刻原址水下保护工程是中国从单一的水下考古，走向全方位水下文化遗产保护的典型范例，这种突出的保护方式在全球范围内极其罕见，它使同类水下文化遗产保护成为可能，水下博物馆的兴建也成为国际博物馆建设史上的又一成功范例。

白鹤梁题刻水下原址保护融合多专业、多学科技术，是世界水下文化遗产原址保护展示的首例。通过净化水系统、深水照明系统、潜水作业系统等水下博物馆保护管理措施，白鹤梁题刻水下原址保护取得成功。更重要的是通过水下原址保护，既保留了天然石梁的自然位置，又满足了观众的参观需求，观众可乘坐自动扶梯，前往位于长江水下近40米的参观廊道，通过23个观察窗近距离欣赏白鹤梁题刻原貌。石梁与长江的关系、石梁与江岸的关系，没有因为保护工程的实施而改变，为开展关于白鹤梁题刻的科学研究和随着科技发展而可能采取的新的更好的保护方案，提供了现实条件。

由于水下博物馆的建成，白鹤梁上以枯水题刻为由头的系列民俗活动得以延续，文化传统得以弘扬。十余年来，通过开展白鹤梁春季"人日修禊""白鹤梁文化节""诗词大会"等系列活动，将白鹤梁题刻的相关知识、文化内涵，向观众宣传展示，吸引互动，使白鹤梁题刻的历史文化、科学创造、艺术趣味等走向社会大众，教育青少年学生，使文化传统得以传承，文物保护的成果惠及千家万户。白鹤梁水下博物馆已先后创建为全国科普教育基地、国家水情教育基地、全国中小学生研学实践教育基地、重庆市爱国主义教育基地等。"让瑰宝走出去，把公众请进来""水利科技三进"等系列巡展、"一江碧水——家乡的河"科普研学、"君自故乡来，可知故乡事"文化沙龙等系列社会教育研学活动，以及"白鹤时鸣"研学课堂等，已经成为深受欢迎的文化项目和品牌。

（三）在新的历史发展阶段做好白鹤梁题刻保护工作意义重大

习近平总书记指出："历史文化遗产不仅生动述说着过去，也深刻影响着当下和未来；不仅属于我们，也属于子孙后代。保护好、传承好历史文化遗产是对历史负责、对人民负责。我们要加强考古工作和历史研究，让收藏在博物馆里的文物、陈列在广阔大地上的遗产、书写在古籍里的文字都活起来，丰富全社会历史文化滋养。"文化遗产作为人类社会发展的物质成果，在维护国家安全、社会稳定、促进民族团结、祖国统一，提升国民道德素养，激发国民爱国主义情怀，建设社会主义物质文明、政治文明、精神文明、社会文明、生态文明等方面发挥着重要作用。

白鹤梁题刻始于1200多年前涪陵先民对长江水文气象的研究成果，珍藏了长江先民与长江母亲河和谐相生的伟大智慧、丰富情感和艺术才华，是长江文明、中华文明的历史见证者，也是民族文化、民族精神、时代精神的重要载体。"刻鱼为尺、设标记水"蕴含着中华民族特有的精神价值、思维方式、想象力，体现了中华民族的生命力和创造力，是民族智慧的结晶，也是全人类文明的瑰宝。保护好、传承好、利用好白鹤梁，有利于中华传统文化、长江文化的传承，增强民族自信心和自豪感，增强民族凝聚力，能进一步传播中华文化、讲好中国故事、展现长江历史。

在国家综合国力不断提升的背景下，文化遗产保护事业的地位和作用日渐突显。白鹤梁水下博物馆伴随时代进步，怎样随着"一带一路"建设、长江经济带建设、成渝双城经济圈建设同步发展？科学总结白鹤梁水下博物馆管理运行的成效与经验，不断加强白鹤梁题刻的保护管理，推动白鹤梁题刻申报世界文化遗产，对于进一步促进白鹤梁题刻保护工作的可持续发展具有重要意义。

三、发展目标

（一）总体目标

深入贯彻落实"保护为主，抢救第一，合理利用，加强管理"的文物工作方针，按照新时期文化文物工作新要求，依照法律法规，参照世界文化遗产保护管理规范，落实保护措施，提升管理水平，加强基础工作和人才队伍建设，做好文化研究和传承工作，扩大宣传工作力度，持续推进保护管理工作上新台阶，为满足人民群众不断增长的对美好生活的向往做出贡献。

进一步巩固和扩大白鹤梁题刻保护利用工作发展成果，建立完善的题刻文物及环境定期监测分析和水下建筑结构安全常态化监测评估机制，完成遗产本体和现存环境监测、预警反馈联动信息化建设，使白鹤梁题刻和保护工程进一步得到全面有效保护。推进白鹤梁题刻申报世界文化遗产。以建设中国水文博物馆（国家水文遗址公园）为契机，以建设中华文明对外宣传展示名片为目标，打造具有国际影响的博物馆。创建国家5A级旅游景区，为满足人民群众对美好生活的向往发挥遗产地作用。

（二）重点项目建议

1. 三大重点规划

修订、实施白鹤梁题刻全国重点文物保护单位保护规划；

制定实施白鹤梁题刻申报世界文化遗产保护管理规划；

制定实施中国水文博物馆（国家水文遗址公园）文化和旅游发展规划。

2. 五大重点项目

白鹤梁题刻申报世界文化遗产项目；

中国水文博物馆（国家水文遗址公园）建设项目；

创建国家 5A 级旅游景区项目；

白鹤梁水下保护体重要设施设备监测、评估、更新项目；

白鹤梁题刻水下保护体外题刻文物保护现状考古调查项目。

3. 系列重点课题

白鹤梁题刻突出普遍价值研究课题；

水下题刻智能化管理与展示研究课题；

水下题刻本体防泥化及水环境监测分析与控制研究课题；

藻类、生物类及生物膜对水下文物的危害及控制技术研究课题；

水下保护体内钢构建腐蚀、结构安全调查、监测研究课题；

白鹤梁水下博物馆运行管理综合研究课题；

白鹤梁题刻文物信息数据档案库建设研究课题；

白鹤梁文化创意产品开发研究课题；

等等。

四、申报列为世界文化遗产

世界文化遗产是指被联合国教科文组织和世界遗产委员会确认的人类罕见的、目前无法替代的财富，是全人类公认的具有突出意义和普遍价值的文物古迹及自然景观。白鹤梁题刻因其具有的突出普遍价值，被国家文物局和联合国教科文组织列入中国世界文化遗产的预备名单。

（一）《保护世界文化和自然遗产公约》

《保护世界文化和自然遗产公约》是 1972 年联合国教科文组织通过的重要公约，主要约定了世界遗产、文化和自然遗产的定义、文化和自然遗产的国家保护和国际保护措施等。公约规定了各缔约国可自行提出本国领土内的文化和自然遗产，并向世界遗产委员会递交其遗产清单，由世界遗产委员会审核、批准和公布。凡是被列入世界文化和自然遗产的地点，都由其所在国家依法严格予以保护。《保护世界文化和自然遗产公约》为保护人类共同的具有突出普遍价值的遗产做出了杰出的贡献，产生了深远的影响。

根据形态和性质，世界遗产分为文化遗产、自然遗产、文化和自然双重遗产、记忆遗产、非物质文化遗产、文化景观遗产。

申请列入《世界遗产名录》的文化遗产项目，必须符合以下六项标准中的一项或几项，方可获得批准：

Ⅰ.代表一种独特的艺术成就，一种创造性的天才杰作；

Ⅱ.在一定时期内或世界某一文化区域内，对建筑艺术、纪念物艺术、规划或景观设计方面的发展产生过重大影响；

Ⅲ.能为一种已消逝的文明或文化传统提供一种独特的或至少是特殊的见证；

Ⅳ.可作为一种建筑或建筑群或景观的杰出范例，展示人类历史上一个（或几个）重要阶段；

Ⅴ.可作为传统的人类居住地或使用地的杰出范例，代表一种（或几种）文化，尤其在不可逆转之变化的影响下变得易于损坏；

Ⅵ.与某些事件或传统、观点、信仰、艺术或文学作品有直接和实质的联系（只有在某些特殊情况下或该项标准与其他标准一起作用时，此款才能成为列入《世界遗产名录》的理由）。

白鹤梁题刻是中国古代先民长期观察和记录当地长江枯水状态的实物资料，同时也是当地人们依靠经验预示来年收成的民俗节庆的活动场所。该水文遗产对长江流域乃至北半球的古水文、古航运、古气候、古环境的变迁研究，都具有重要的科学价值。

（二）白鹤梁题刻符合世界遗产的标准

关于白鹤梁题刻符合列入世界文化遗产标准的哪一条或哪几条，刘曙光和《申遗文本》进行了较为详细的论述（参见本书《前言》）。综合来看，符合第Ⅰ、第Ⅲ、第Ⅵ条标准。

符合标准Ⅰ：即人类创造性的天才杰作。

白鹤梁"石鱼水标"雕刻于唐广德二年（764）以前，比1865年英国人在长江上设立的第一根水尺即武汉江汉关水尺至少早1100多年，是中国长江上游枯水水文记录数据的石刻档案库。这些枯水资料系统地反映了长江上游历代水位演化的规律，成为长江上游地区历代枯水年代序列标尺，具有极高的科学价值和应用价值，为葛洲坝和三峡水利枢纽工程提供了重要的历史枯水水文设计依据。白鹤梁水位记录的方式存在于观看"石鱼出水"的节庆性民俗活动中，将科学与艺术、数字与诗文结合在一起，极具中国传统文化的特色，是一种独特的发明创造。

符合标准Ⅲ：即能为一种已经消逝的文明或文化传统提供一种独特的或至少是特殊的见证。

白鹤梁题刻记载了自唐广德二年（764年）以前至今的长江枯水水文资料，这种枯水水位记录的做法，是一种独特的技术文明；而当地民众每年来观看水文记录，以此判断来年农作物丰歉状况也是一种独特的文化传统。现在这种传统的技术文明已经被现代水文站取代，这种文化传统也随生活方式的改变而仅存于传统节庆之中，白鹤梁题刻则是这种文明和传统的实物见证。

符合标准Ⅵ：即与某些事件或传统、观点、信仰、艺术或文学作品有直接和实质的联系。

白鹤梁题刻位于长江江心，是一种非常独特的文化遗产。实施三峡工程以后，白鹤梁所在河段的水位发生重大改变，白鹤梁题刻因此淹没于江底。为了保护历史文化遗产与实现三峡工程相协调，中国政府开展了规模宏大的长江三峡文物保护工程，白鹤梁是其中最重要的保护项目。无论是三峡工程，还是三峡文物保护工程，都是人类历史上前所未有的，是对人类、对历史的高度负责，是国际前沿文物保护理念的生动实践，是今人对古人、对历史、对文明的尊重，体现了人类共同的文化观念与价值观念。为保护淹没于江底的白鹤梁题刻，科学家们先后提出了七个保护方案，最后通过实施"无压容器"方案，给白鹤梁在水下穿上"外套"，对题刻进行水下原址保护。从2003年开始，工程历时7年，耗资1.93亿元，最终建成了世界首座非潜水可到达的水下遗址博物馆，成为水下文化遗产原址保护最成功的案例，为人类开展水下文化遗产原址保护开创了新的路径，提供了可资借鉴的经验。

（三）白鹤梁题刻具备文化遗产的真实性和完整性

真实性与完整性是申请世界遗产的关键要素，与文化遗产的价值相辅相成。

白鹤梁题刻的遗产本体镌刻在长江水底的石梁上，题刻及其载体石梁在经过保护工程后，仍然保存着其原有的内容、材质和外形，遗产本体的真实性全部得以保存。

历史上的白鹤梁题刻与长江水环境的关系，是丰水季节淹没于水下，枯水季节部分或全部露出水面。实施保护工程后，虽然三峡工程抬升了长江水位，白鹤梁题刻不能再露出水面，但是，由于是原址保护，石梁的位置没有改变。

白鹤梁题刻位于涪陵城北的长江江心，与长江南岸的涪陵城和北岸的北岩隔水相望，这种地理格局形成了古人观赏白鹤梁出水的独特方式与风俗。长江水位抬升后，古人们泛一叶小舟渡过鉴湖登上石梁的方式不复存在了，但是人们可以乘坐自动扶梯深入水底，真切地感受位于江心水底的文化遗产和现代工程带来的冲击和震撼。可以说，白鹤梁题刻水下原址保护的方式，保证了石梁、题刻与长江、城市和岸景的空间位置的真实性。

白鹤梁题刻文化遗产得到了全面保护。如上所述，构成白鹤梁题刻文化遗产的题刻（本体）、三段石梁（载体）、环绕的江水和两岸景观（环境），在三峡工程实施后，得以完整地保留下来，改变的只是冬春枯水季节渡过鉴湖观看"石鱼出水"所衍生的民俗。

天然的白鹤梁石梁，全长1600余米，历代题刻密集分布于220米长的中段石梁上。水下原址保护工程将题刻分布最密集的中段置于保护体内，其他部位的零星题刻分别采取不同的保护手段。一些已经脱离梁体的题刻，做好考古记录后，搬入博物馆陈列，一些仍然保存在梁体上的题刻则经过留取资料后在石梁上加固封存（参见本书第四章），将自然破坏和人为影响减少到最低程度。现在，白鹤梁题刻被整体保存在水下，并大部分可以向公众展示，其完整性得到保证。

（四）白鹤梁题刻具备妥善的保护与管理措施

作为全国重点文物保护单位，白鹤梁题刻的所有权为国家所有，受国家法律保护。按照全国重点文物保护单位管理要求，白鹤梁题刻保护规划的编制和保护范围、建设控制地带的划定都一一落实。国家文物局、水利部和重庆市、涪陵区党委、政府对文化遗产保护工作高度重视，予以组织保障和经费投入。为了加强并落实白鹤梁题刻的保护，提升管理水平，市区两级政府协调，将白鹤梁水下博物馆并入国家一级博物馆——重庆中国三峡博物馆管理。管理层级的提升，为管理人才的引进、管理措施的落实等提供了保障。

（五）白鹤梁题刻申遗前景展望

2006年，国家文物局将白鹤梁题刻列入中国世界文化遗产预备名单，2008年完成了在联合国教科文组织的备案。2014年，重庆市政府颁布实施《重庆市长江白鹤梁题刻保护管理办法》，白鹤梁题刻保护管理工作健全了法律依据，也具备了申遗的基本要件之一。2017年，国家文物局批准了《白鹤梁题刻文物保护规划》，保护工作按照规划逐年实施，一些重点项目得到落实。2019年，白鹤梁题刻文物本体和保护环境监测项目通过验收，这是列入世界文化遗产必备的一项工作。至关重要的《申遗文本》及申遗保护管理规划，按照联合国教科文组织新的规范不断完善。通过展览、巡展、研学等形式，开展白鹤梁题刻文化的宣传和传承工作，取得广泛社会关注，"白鹤梁文化节"等成为地方文化重要品牌。白鹤梁题刻申遗工作热烈而扎实。

我国自1985年加入联合国教科文组织《保护世界文化和自然遗产公约》，到2020年，已有55项文化和自然遗产被列入世界遗产名录，而其中与水文相关的文化遗产只有四川都江堰、京杭大运河两项。2019年1月30日，联合国教科文组织世界遗产中心网站更新《世界遗产预备名单》，中国共有60项不同类型的遗产入选，白鹤梁题刻位列其中。此外，作为全国重点文物保护单位的水利工程类型的文化遗产还有浙江宁波的它山堰、广西兴安的灵渠等。京杭大运河和灵渠两处是用于航运交通的运河遗产，都江堰则是用于农田灌溉的水利工程遗产。白鹤梁题刻在水文观测、记录方面的历史、科学和艺术价值，及其民俗方面的文化价值，与这些遗产相比具有独特性。

按照联合国教科文组织申遗的新规则，每个国家每年只能有一项遗产可提出申请。我国地大物博，历史悠久，民族众多，文化多样，是文化、自然遗产大国，这项新规对于我国的申遗工作有很大的影响。

我国有比较完备的文化遗产管理体制，从地方到中央，各级文物保护单位管理规范、措施有效，取得了显著成效。申请列入世界遗产，可以彰显遗产的重要性和重大意义、重要价值，也是中国人民和中国政府就文化和自然遗产保护向世界做出的庄重承诺。由此来看，申遗工作一方面竞争激烈，难度很大，另一方面意义重大，影响深远。

白鹤梁题刻蕴含着极其丰富的中国古代自然科学、哲学社会科学、文学艺术成果，是中华优秀传统文化的实物载体。白鹤梁题刻原址保护工程是新时代中国的伟大创造，堪称价值独特的当代遗产。白鹤梁水下博物馆集中华优秀传统文化和中国当代先进文化于一体，真实、立体、全面地向世界展示着中国形象，通过申遗，可进一步提升工作水平，扩大对外开放，不断提高中国文化影响力。

白鹤梁题刻具有多种遗产属性。从遗产的材质属性来说，属于不可移动文物的石质文物；从遗产的状态属性来说，属于基本完整保存的纪念物；从遗产的功能属性来说，属于古代水文观察记录的水文遗产；从保存展示形态来说，属于真实的水下文化遗产。目前在世界遗产名录中尚无类似的古水文题刻，更无同时具备科学、历史与艺术价值的水文记录遗产。白鹤梁题刻申遗将填补世界文化遗产类型的一项空白。

五、中国水文博物馆（国家水文遗址公园）设想

中国水文博物馆（国家水文遗址公园）建设，是为了弘扬白鹤梁题刻文化内涵，扩大文化遗产保护利用效能，根据保护管理可持续发展的需要提出的。

伴随着三峡工程建设而兴建的白鹤梁水下博物馆，采用水下原址保护方案，实现了白鹤梁题刻的水下原址保护，为文物保护利用、为弘扬优秀传统文化奠定了坚实的物质基础。通过十余年的运行管理，白鹤梁水下博物馆在文物保护、宣传和弘扬传统文化方面的作用得到发挥。与"石鱼出水兆丰年""春日修禊"等民俗相关的文化活动受到观

众和青年学生的追捧。

白鹤梁题刻位于重庆涪陵，首先承载着涪陵地区的历史文化，反映了当地的民俗风情。白鹤梁题刻文化的内涵，却不仅仅局限于涪陵、重庆。不论是历代游历白鹤梁的文人士大夫和普通人众，还是关注、研究白鹤梁题刻的学者、专家，都远远超出了涪陵乃至重庆的范畴，具有明显的全国意义。正是由于白鹤梁题刻的历史、艺术价值极为重要，才会被国家文物局列入申报世界遗产预备名单。从白鹤梁题刻以石鱼标注水位的方式和延续1200多年的水文记录的科学价值来看，更是独步世界，走向国际。

我国作为文明古国，历史类的博物馆数量多、影响大、门类全。我国是一个水利大国，江河密布，人水关系复杂，文化遗产丰厚。建设一座全国性的水文博物馆，必要性、可行性和紧迫性都是不言而喻的。白鹤梁题刻是我国最重要的古水文题刻，早就有"世界第一古代水文站"的称号，白鹤梁水下博物馆的建成，为建设"中国水文博物馆（国家水文遗址公园）"打下了坚实基础。可以说，在白鹤梁水下博物馆的基础上，建设"中国水文博物馆（国家水文遗址公园）"，正是水到渠成的好事。

博物馆是永久性的文化保护、展示、研究机构，通过博物馆建设，达到文物保护管理的可持续发展，是被无数事实证明了的有效途径。因此，当白鹤梁水下博物馆在总结成绩、展望未来基础上提出建设"中国水文博物馆（国家水文遗址公园）"构想时，得到了各级领导和有关部门的大力赞许和支持。

"中国水文博物馆（国家水文遗址公园）"项目目前处于前期工作阶段。2019年由天津大学建筑学院和白鹤梁水下博物馆编制了概念性策划方案，形成了以下初步思路。

总体思路：按照"水下向水上延伸，馆内向馆外拓展"的思路，以白鹤梁水下博物馆遗址管理区为基础，向东西延伸拓展，打造以白鹤梁为中心，以中国水文技术遗址和中国传统文化元素为依托的，具有世界知名度和影响力的中国水文博物馆（国家水文遗址公园）。

项目定位：中国水文博物馆是以白鹤梁题刻遗址的保护与利用为核心，集水文发展历史、水文科技、水文成果于一体的数字化和智慧化的大型博物馆建设项目；是展示中国水文巨大成就和未来发展趋势的重要载体；是打造世界级水文化遗产科研教育传播基地的重要途径；是白鹤梁题刻申报世界文化遗产的基本需要，是传承、展示历史文化，增强博物馆社会服务功能的需要；是提升博物馆环境承载能力、游客接待能力，消除安全隐患、提高景区品质和服务能力的需要。

意义：项目建成后，可以在推进新时代西部大开发中发挥支撑作用、在推进共建"一带一路"中发挥带动作用、在推进长江经济带绿色发展中发挥示范作用、在推进成渝双城经济圈文旅融合发展中发挥引领作用。

规划思路：

一个接纳海内外游客，展示中国水文成就和发展的中国水文博物馆：打造以中国水文的伟大成就和发展前景为中心，白鹤梁遗产为依托，集白鹤梁水下博物馆、中国水文博物馆、世界大河馆、中国水文研究院和大河文化旅游创意街区五个核心于一体的数字化和智慧化的中国水文博物馆和文旅创意产业中心。

一个了解古今水文，穿越世界大河文明的国家水文遗址公园：以世界水文遗址、中国水文遗址、白鹤梁题刻原貌复原三轴线以及长江、乌江、白鹤梁、点易洞四节点为内容修建国家水文遗址公园。

一个浸润巴文化民俗，感知巴人文化文创产业的体验带：依托涪陵地区悠久的文化底蕴，在滨江景观带状公园上设置体现文化价值的景观小品，使市民及游客充分体验华夏文明，彰显文化价值。

一个观江赏景、带动当地文旅融合产业发展的5A级景区：依托长江、乌江两江四岸的自然美景，融合白鹤梁水下博物馆、国家水文遗址公园、北岩题刻等打造长江绿色城市景观区，带动文旅融合发展。

六、保障条件

实现白鹤梁题刻保护管理的可持续发展是一个复杂的系统工程，需要各级党委政府、各有关部门、博物馆和科研机构高度重视，加强管理和投入力度，通力合作，共谱新章；是一个持续性与阶段性相结合的漫长过程，需要制订长期远景规划与近期工作目标，一步一个脚印，一张蓝图干到底。

党委政府应进一步提高做好文化遗产保护工作重大意义的认识，将文物保护提到国家文化安全、民族振兴的战略高度来认识，全面落实文物工作方针，为文化遗产保护提供制度、政策、经费、人员保障。进一步提升文化自觉，采取切实有效措施，调动社会各界力量，推动形成热爱中华文化、保护文化遗产的良好社会氛围。进一步加大申遗工作力度，按照世界遗产的标准和保护规范，协调城市发展规划、经济社会发展规划，争取早日申遗成功。文物、水利部门和博物馆应充分发挥主体作用，积极发挥和履行专业机构功能职责，改革探索，不懈努力，做好文物本体保护，加强学术研究，提升科技化程度。深入发掘白鹤梁题刻文化内涵，创新文化传承发展新途径、新模式，努力弘扬中华优秀传统文化。

在中国共产党的领导下，我国经济社会发展取得了长足进步，人民生活水平不断提高，对美好生活的向往越来越迫切、越来越多样化。我们必须以不断改革的勇气和魄力，加强和完善白鹤梁题刻文化遗产的保护管理体制机制，创造有利于遗产保护利用的条件，让文化遗产保护的成果惠及大众，为全社会共享。

参考文献
（以出版时间排序）

1. （明）李贤等：《明一统志》，文渊阁四库全书本，台湾商务印书馆，1986 年。
2. （明）曹学佺：《蜀中广记》，上海古籍出版社，1993 年。
3. （清）吕绍衣等：《重修涪州志》，清同治八年（1869）刻本。
4. 朱世镛等：《（民国）云阳县志》，民国二十四年（1935）排印本。
5. 施纪云等：《涪陵县续修涪州志》，台湾学生书局，1971 年。
6. （清）缪荃孙：《艺风堂金石文字目》，光绪三十二年（1906）刻本。
7. （清）陆增祥：《八琼室金石补正》，石刻史料新编本，台湾新文丰出版公司，1977 年。
8. （清）端方辑：《陶斋藏石记》，石刻史料新编本，台湾新文丰出版公司，1977 年。
9. （清）闵尔昌：《碑传集补》，台湾文海出版社，1980 年。
10. （清）钱曾：《读书敏求记》，书目文献出版社，1984 年。
11. （清）叶昌炽：《语石》，上海书店出版社，1986 年。
12. （清）王昶：《金石萃编》，陕西人民美术出版社，1990 年。
13. （清）陆心源：《仪顾堂集》，清代诗文集汇编本，上海古籍出版社，2010 年。
14. 昌彼得等：《宋人传记资料索引》，鼎文书局，1975 年。
15. 傅崇矩：《成都通览》，巴蜀书社，1987 年。
16. 高文等：《四川历代碑刻》，四川大学出版社，1990 年。
17. 贵阳市教育年鉴编辑委员会：《贵阳教育纪事》，贵州人民出版社，1991 年。
18. 陈曦震：《水下碑林白鹤梁》，四川人民出版社，1995 年。
19. 四川省涪陵市志编纂委员会：《涪陵市志》，四川人民出版社，1995 年。
20. 水利部长江水利委员会：《长江三峡工程水库水文题刻文物图集》，科学出版社，1996 年。
21. 重庆市博物馆：《中国西南地区历代石刻汇编（四川重庆卷）》，天津古籍出版社，

1998 年。

22. 重庆市渝中区政协文史资料委员会：《重庆渝中区文史资料（第十三辑）》（内部编印），2003 年。

23. 陈曦震，陈之涵：《白鹤梁题刻：中国长江水下博物馆》，重庆出版社，2003 年。

24. 曾超：《三峡国宝——白鹤梁题刻汇录与考索》，中国文史出版社，2005 年。

25. 曾枣庄、刘琳：《全宋文》，上海辞书出版社，2006 年。

26. 李胜：《涪陵历史文化研究》，中央文献出版社，2006 年。

27. 长江水利委员会宣传出版中心：《长江志》，中国大百科全书出版社，2007 年。

28. 重庆市文物局，重庆移民局：《涪陵白鹤梁》，文物出版社，2014 年。

29. 黄海：《白鹤梁题刻辑录》，中国戏剧出版社，2014 年。

30. 谢向荣、吴建军、章荣发：《水下文化遗产保护：白鹤梁题刻原址水下保护工程》，东南大学出版社，2014 年。

31. 王晓晖：《白鹤梁题刻文献汇集校注》，天津古籍出版社，2015 年。

32. 杨邦德、胡黎明、黄德建：《白鹤梁题刻求索集》，上海古籍出版社，2019 年。

33. 刘兴亮：《巴渝石刻文献两种合校》，上海古籍出版社，2020 年。

34. 刘兴亮：《白鹤梁题刻史料辑录》，上海古籍出版社，2020 年。

35. 龚廷万等：《四川涪陵石鱼铭记图集》（内部资料），1963 年。

36. 葛修润：《白鹤梁题刻——世界第一古代水文站在长江三峡水库库底的原址水下保护工程简介》，云冈石窟研究院：《2005 年云冈国际学术研讨会论文集》（保护卷），2005 年。

37. 丁祖春：《涪陵白鹤梁石鱼和题刻研究》，《四川文物》，1985 年第 2 期。

38. 黄秀陵：《涪陵白鹤梁"瑞鳞古迹"题刻》，《四川文物》，1988 年第 1 期。

39. 朱更翎：《清人研究涪陵石鱼题刻的成就》《长江水利史论文集》，河海大学出版社，1990 年。

40. 张威、李滨：《水下考古大事记》，《福建文博》，1997 年第 2 期。

41. 俞伟超：《中国水下考古学的主要成就》，《福建文博》，1997 年第 2 期。

42. 何凤桐：《宋代长江水文题刻实录》，《贵州文史丛刊》，2002 年第 1 期。

43. 胡昌健：《涪陵白鹤梁"元符庚辰涪翁来"题刻考》，《四川文物》，2003 年第 1 期。

44. 李宏松：《白鹤梁保护工程十年》，《文史天地》，2003 年第 6 期。

45. 郝国胜：《白鹤梁水文题刻及其保护》，《中国历史文物》，2003 年第 3 期。

46. 李胜：《白鹤梁石刻题名人考按续六十六则》，《三峡文化研究》（哲学社会科学版），2007 年第 00 期。

47. 葛修润：《国宝"白鹤梁"》，《中国三峡》，2006 年第 2 期。

48. 曾中懋：《涪陵白鹤梁题刻的本体保护》，《四川文物》，2009 年第 6 期。

49. 王晓晖：《北宋涪州知州考略》，《长江师范学院学报》，2012 年第 9 期。

50. 武仙竹：《白鹤梁石鱼考》，《中国国家博物馆馆刊》，2012 年第 10 期。

51. 高远：《白鹤梁题刻与宋史研究》，《四川文物》，2013 年第 3 期。

52. 曾超：《白鹤梁题刻数及题刻收录考察》，《三峡大学学报》，2014 年第 1 期。

53. 孙华、陈元棪：《白鹤梁题刻的历史和价值》，《四川文物》，2014 年第 1 期。

54. 孙华：《长江三峡库区重要文物保护工程回望——白鹤梁、石宝寨、张飞庙、白帝城》，《中国文化遗产》，2014 年第 2 期。

55. 张国光、董建顺：《白鹤梁题刻原址保护工程相关水下技术研究》，《人民长江》，2014 年第 11 期。

56. 董建顺、周圣：《基于电力线载波技术的白鹤梁水下照明控制系统》，《人民长江》2014 年第 11 期。

57. 周圣、章荣发：《白鹤梁题刻水下保护体水环境监测设计》，《人民长江》，2014 年第 12 期。

58. 黄海：《白鹤梁题刻考释》，《重庆书学》，2015 年第 3 期。

59. 胡黎明：《白鹤梁题刻水环境现状与展示提升思考》，《中国文化遗产》，2015 年第 5 期。

60. 孙华、陈元棪：《涪陵白鹤梁题刻的保护与展示》，《四川文物》，2015 年第 6 期。

61. 李重华：《重庆保护与利用重要文化资源策略》，《中华文化论坛》，2015 年第 10 期。

62. 孙华：《涪陵白鹤梁题刻若干问题辨析》，《考古学报》，2016 年第 1 期。

63. 蒋锐：《白鹤梁水下博物馆游客承载量研究初探》，《中国文化研究》，2016 年第 3 期。

64. 孙华：《石刻所见宋代四川移民——以重庆涪陵白鹤梁题刻为中心》，《南方民族考古》，2018 年第 2 期。

65. 刘兴亮：《姚觐元与清末白鹤梁题刻研究——兼谈＜涪州石鱼文字所见录＞的成书过程》，《中国典籍与文化》，2018 年第 1 期。

66. 李隆田：《低压电力载波技术在白鹤梁灯光改造中的应用》，《电工技术》，2018 年第 16 期。

67. 邓佳、蒋锐、杨娟：《航空有机玻璃在白鹤梁题刻水下参观廊道的应用》，《遗产与保护研究》，2019 年第 2 期。

68. 杨娟、杨邦德：《白鹤梁水下石质文物保护与展示》，《文物鉴定与鉴赏》，2020 年第 16 期。

69. 蒋锐：《浅析水下文化遗产保护管理措施及成效——以白鹤梁题刻为例》，《自然与文化遗产研究》，2020 年第 1 期。

70. 北京大学考古文博学院、北京工业大学建筑与城市规划学院、河北省古代建筑保护研究所：《全国重点文物保护单位重庆市涪陵区白鹤梁题刻文物保护规划（2015—2035）》（内部资料），2017 年。

71. 北京大学考古文博学院：《白鹤梁题刻申报世界文化遗产文本》（内部资料），2020 年。

后 记

本书是重庆市涪陵区文化和旅游发展委员会委托的科研课题"白鹤梁题刻保护研究"的结项成果。经甲方同意，出版时改用此书名。

2019年11月28日，重庆中国三峡博物馆与涪陵区文化和旅游发展委员会签订课题研究委托合同，随即成立课题组，主研人员来自重庆中国三峡博物馆及白鹤梁保护管理处（白鹤梁水下博物馆），特邀长江水利委员章荣发、会周圣加盟。2020年4月，本书大纲提请王川平、刘豫川、王海燕、胡黎明、黄德建等5位专家、领导评审，根据评审意见，对课题结构、篇章进行了局部调整。2020年9月，重庆市涪陵区文化和旅游发展委员会组织了来自全国的知名专家，对包括本课题在内的多个课题进行评审。孙华教授担任本课题评审组长，评审专家为：詹长法、宋建忠、王川平、程武彦、赵超、谭徐明、王力军、张玉坤、杨昌明、杜晓帆、舒大刚、解立、李汝倍。评审组一致同意课题结项，建议进行适当修改调整后，尽早出版。

极不平凡的2020年，给本课题的研究工作带来了一些冲击和困难。由于疫情影响，计划的国内外考察、调研，无法全面开展；专题论证会也无法邀请重庆市以外的专家与会。同时，课题组的成员普遍很年轻，专业领域各不相同，有的还从未做过课题研究。由于以上各种原因，本课题成果还显得比较稚嫩，有的结论还略显粗糙。

白鹤梁题刻是中华民族弥足珍贵的文化瑰宝，值得我们深入挖掘其文化内涵，不断加强保护措施，充分发挥其文化价值。回顾白鹤梁题刻的发现、研究、保护历程，我们认识到，对于白鹤梁题刻的价值和作用的认识，随着时代变迁、社会发展，将逐步拓宽、不断加深，目前还远远不到大功告成的时候。本课题对白鹤梁题刻的发现、研究、保护与利用工作进行了梳理、回顾，是目前为止比较系统全面的关于白鹤梁题刻保护的总结性读物。特别是对水下保护体、主要运行系统的基本功能，做了白描式的介绍，可供读者了解世界第一座水下博物馆的运行原理。同时，本课题对下一步的研究、保护与利用工作，提出了一些建议。虽然这些成果还显得比较粗疏、稚嫩，但由于本书的作者都是来自研究、保护与利用工作的第一线，这些建议恰恰具有较强的针对性。希望本课题成果及本书的出版，能够进一步促进白鹤梁题刻文化的研究，为白鹤梁题刻申遗等工作添砖加瓦，同时也为同类水下文化遗产的保护、利用，提供借鉴。

本书由柳春鸣草拟全书大纲，撰写前言，主持讨论并对第二章、第三章、第五章进行统稿；杨邦德负责课题研究的具体统筹工作，撰写保护原则部分；刘兴亮撰写第一章，查实核对参考文献，对第四章进行统稿；蒋锐承担了许多琐碎的编务工作，主持撰写第五章。本书的图片主要来自北京大学考古文博学院、重庆中国三峡博物馆及白鹤梁水下博物馆的收藏和作者提供。具体各章节主要撰写人员为：

第一章：刘兴亮

第二章：章荣发、周 圣

第三章：杨 娟、陈福云主持，邬 军参与

第四章：李 艳、杨 松主持，李佳欣、张宗山、聂艳雪、秦小莉参与

第五章：蒋 锐主持，赵晋刚、方 文、胡雪琴参与

本课题研究工作得到重庆中国三峡博物馆、涪陵区文化和旅游发展委员会等单位和个人的大力支持，谨致谢忱！